Anna Achmatowa

dargestellt von Wolfgang Hässner

Rowohlt

**rowohlts monographien begründet von Kurt Kusenberg
herausgegeben von Wolfgang Müller und Uwe Naumann**

Redaktionsassistenz: Katrin Finkemeier
Umschlaggestaltung: Walter Hellmann
Vorderseite: Anna Achmatowa
(Aus: Anna Achmatowa. Briefe. Aufsätze, Fotos.
Hg. von Siegfried Heinrichs. Berlin [Oberbaum GmbH] 1991)
Rückseite: Emblem des Petersburger Kabaretts
«Der streunende Hund»
Frontispiz: Anna Achmatowa.
Zeichnung von Jurij Annenkow, 1921

Originalausgabe
Veröffentlicht im Rowohlt Taschenbuch Verlag GmbH,
Reinbek bei Hamburg, April 1998
Copyright © 1998 by Rowohlt Taschenbuch Verlag GmbH,
Reinbek bei Hamburg
Alle Rechte an dieser Ausgabe vorbehalten
Satz Times PostScript Linotype Library, QuarkXPress 3.32
Gesamtherstellung Clausen & Bosse, Leck
Printed in Germany
ISBN 3 499 50563 0

Inhalt

Anna Achmatowa in ihren späten Jahren

Anna Achmatowa – Annäherung und Bildkorrektur

Ich trink aufs zerstörte Haus,
Auf mein Leben, das schlimm war und rauh,
Auf die Einsamkeit zu zweit,
Auf dich auch trink ich eins –
Auf den Lügenmund, der mich verriet,
Auf die Todeskälte des Blicks,
Auf die grausam grobschlächtige Welt,
Auf Gott, der sich fern von mir hält.[1]
Anna Achmatowa (1934)

Mitte der sechziger Jahre, kurz vor ihrem Tod, hätte ich Anna Achmatowa in Leningrad noch besuchen können. Zu dieser Zeit war die strenge Abschirmung der Dichterin vor ausländischen Besuchern bereits weitgehend aufgehoben. Aus aller Welt kamen Schriftstellerkollegen, Wissenschaftler, Verleger und Übersetzer zu ihr. Aber das Interesse richtete sich nicht allein auf die geheimnisumwitterte, greise Achmatowa. Damals hatte eine große Welle der Sympathie und Aufmerksamkeit für die russische Gegenwartsliteratur den Westen erfaßt. Die Faszination durch den Facettenreichtum dieser Literatur, ihren sozialkritischen Anspruch und Gehalt war überwältigend. Erstmals seit der Weimarer Zeit wieder bot die russische Literatur künstlerisch maßgebliche Leistungen in großer Dichte und Vielfalt und erlaubte tiefere Einblicke in die Gegenwart und jüngste Geschichte des für viele unheimlich gewordenen Riesenlandes hinter dem Eisernen Vorhang.

Die Chance eines Besuches bei der Dichterin habe ich damals ungenutzt gelassen. Sie gehörte für mich nicht zu der Gruppe interessanter Autoren, auf die ich gespannt gewesen wäre.

Aber das ist nicht die ganze Wahrheit. Es war keine persönliche Fehlentscheidung allein. Dieses Versäumnis hat auch mit dem damaligen, stark ideologisch geprägten Denkumfeld für einen jungen

Slawisten in der DDR zu tun, wo ich gerade mein Studium abgeschlossen hatte. In dieses ideologische System paßte die russische Dichterin nicht oder nur mit Entstellungen hinein. Der Leser dieser Monographie möge es wohlwollend annehmen, wenn im einführenden Kapitel auch ein spezifisch ostdeutscher Annäherungsaspekt an die Achmatowa mit zur Sprache kommt.

Unser Professor hatte in seinen Vorlesungen für die junge Achmatowa und ihr Schaffen eine Menge klangvoller, exotischer Begriffe gewählt, die kaum je Erläuterung fanden: Akmeismus, Hyperboräus, Apollon, Dichterzunft, Streunender Hund.[2] Und die Achmatowa war in dieser phantastischen Welt des Morbiden, Dekadenten gefangen. Diese Welt hatte ihr helles Gegenüber im Grandiosen, Vitalen und Erhabenen. Statt Aufbruch der Menschheit, Revolution und Epochenwende auf der einen Seite gab es bei ihr und ihren Freunden Nostalgie, Liebes- und Weltschmerz, Kammerlyrik, Enge. Die junge Achmatowa hatte, so lehrte man uns, tragischerweise und auch selbstverschuldet den Zug der Zeit verpaßt. Für unseren Professor wurde sie dennoch keine Unperson, sein Interesse richtete sich auf ihren eigenwillig-individualistischen Patriotismus, wie er in einer vielzitierten Gedichtzeile von 1921 zum Ausdruck kam. Trotzig hatte sie ihren emigrierten Dichterkollegen hingeworfen: *Nein, nicht mit denen bin ich, die das Land / dem Feind hinwarfen, Fleisch zum Fraß.*[3] Andere Texte unterschlug der Professor – oder kannte er sie nicht? Der ästhetische und thematische Reichtum ihrer Dichtung, die ihr eigene Stimme aus Zorn, Hilflosigkeit, in späteren Jahren aus Versteinerung und unendlicher Trauer, aber immer wieder auch die verborgene innere Kraft blieben uns fremd – und damit das Wesentliche dieser Dichterin.

Das einseitige Bild der Achmatowa gehörte zum ideologischen Klischee vom schweren Weg, der jedem nichtproletarischen Künstler objektiv beschieden sei. Erst nach vielen Irrungen und überwundenen Schwankungen kämen die besten «beim Volk» an. Dieses Denkmodell vom Leidensweg der bürgerlichen Intellektuellen hat tiefe Wurzeln im russischen Gesellschaftsbild und fand Eingang als Orientierungsthese in Literaturpolitik und Literaturwissenschaft der Sowjetunion und anderer sozialistischer Länder. Besonders gelungene literarische Gestaltungen, die dieser Konzeption folgten, wurden die sogenannten Epochenromane «Der Leidensweg» von Alexej Tolstoj und «Der stille Don» von Michail Scholochow.[4]

Unser Professor hatte vergeblich versucht, bei der Achmatowa we-

Achmatowa-
Porträt von
N. Chlebnikowa

nigstens ansatzweise den Weg zum Volk zu entdecken. Ihr Patriotismus für das damalige Sowjetrußland sollte diesen Ansatz markieren. Aber ihr Leidensweg wurde ein ganz anderer als in dem beschriebenen simplen Klischee. Ihre Beziehungen zu den Zeitereignissen und Zeitgenossen, zu den literarischen und geschichtlichen Traditionen waren viel zu widerspruchsvoll, als daß sie in dem genannten Modell hätten Platz finden können. So waren sie in den Vorlesungen unseres Professors entfallen. Gerechterweise muß hier noch darauf hingewiesen werden, daß einige Literaturwissenschaftler in der DDR bereits seit den siebziger Jahren – freilich unter großen Schwierigkeiten, was die Quellenlage betraf – an einem gesicherten Achmatowa-Bild gearbeitet haben. Auf ihre Leistungen wird in der vorliegenden Monographie zurückgegriffen.[5]

Heute ist Anna Achmatowa als bedeutendste russische Dichterin weltweit anerkannt. Oft ist der nicht ganz passende, aber ehrend gemeinte Vergleich mit der altgriechischen Liebeslyrikerin Sappho zu lesen.[6] Achmatowas Dichterfreund Ossip Mandelstam nannte ihr

Werk, als es noch längst nicht abgeschlossen war, ein Symbol für Größe und Würde Rußlands.[7] Seine und andere Wertschätzungen sollen in unserer Monographie neu durchdacht werden, sind sie doch auf dem Boden eines Denkens entstanden, das damals noch selten zweifelte an einer traditionsreichen, aber bedenklichen Literaturauffassung, insbesondere einer sehr überhöhten Vorstellung von der Bedeutung und gesellschaftlichen Wirkungskraft eines literarischen Autors. So faszinierend es klingen mag, wenn die Achmatowa als die letzte überragende literarische Autorität Rußlands bezeichnet wird, so ist das wohl nicht mehr als leeres Pathos, das an den wesentlichen Seiten und Leistungen ihrer Persönlichkeit und ihres Werkes vorbeigeht.

Verschiedene Erinnerungen an Achmatowa belegen, daß die meisten ihrer schreibenden Zeitgenossen Achmatowas poetisches Talent früh erkannt hatten. Dabei war der Dichterhimmel Rußlands zu dieser Zeit sehr reich besetzt. Man denke an Alexander Blok, Wladimir Majakowskij, an Sergej Jessenin, Nikolaj Gumiljow oder an Boris Pasternak und Marina Zwetajewa.[8] Wie in hundert Spiegeln erscheint die Achmatowa auch in Widmungsgedichten anderer Dichter, darunter auch deutscher Schriftsteller.[9] Diese Zeugnisse wie auch Achmatowas eigene dichterische «Annäherungen» an Poeten Rußlands und der Weltliteratur werden in unserer Monographie angeführt, um den weiten Entstehungsgrund und Wirkungsraum ihrer Dichtung zu zeigen. Und nicht nur Autoren, auch Maler, Bildhauer und Fotografen konnten sich dem Charisma von Achmatowas Persönlichkeit zu keiner Zeit entziehen. In zahlreichen Arbeiten suchten sie das Besondere und Einmalige ihrer Wirkung zu erfassen. Der Italiener Amedeo Modigliani steht dabei ganz am Anfang einer langen Liste berühmter Namen.[10]

Den Aufzeichnungen ihrer engsten Vertrauten Lidija Tschukowskaja kann man entnehmen, wie Anna Achmatowa trotz jahrzehntelanger Ausgrenzungen und öffentlicher Schmähungen durch führende sowjetische Kulturpolitiker im Bewußtsein ihrer Landsleute lebendig geblieben ist: Ihre Gedichte wurden auswendig gelernt und mündlich, oft konspirativ, verbreitet. In dieser typisch russischen Art der Rezeption war die Tschukowskaja selbst fast unübertroffen. Sie kannte alle Gedichte der Achmatowa auswendig, oft sogar in den verschiedenen Fassungen. Auch die Dichterin hatte ein phänomenales Gedächtnis für ihre eigenen Texte. Mit dessen Hilfe war sie imstande, zweimal die Vernichtung ihres literarischen Archivs einigermaßen wettzumachen.

Lidija Tschukowskaja, 1987

Die Achmatowa gehört durch Persönlichkeit und Werk zu den für viele Westeuropäer geheimnisvollen Kraftquellen, die die Russen ihre gesellschaftlichen Katastrophen, Entbehrungen und Erniedrigungen überstehen ließen. Es ist wahrscheinlich nicht übertrieben, die Achmatowa in diesem Zusammenhang als eine legendär-mythische Figur der russischen Literatur und Gesellschaft zu bezeichnen.

Heute stehen dem deutschen Leser schon einige bemerkenswerte Publikationen über die russische Dichterin zur Verfügung. Sofern er Russisch beherrscht, hat er auch eine befriedigende Anzahl an Werkausgaben und Textsammlungen. Ansprechende deutsche Nachdichtungen sind allerdings noch rar. In unserer Monographie mußte daher nicht selten auf möglichst genaue eigene Übersetzungen vieler ihrer Gedichte zurückgegriffen werden, wo es noch keine akzeptablen Nachdichtungen gibt.

Auf eine Quelle von besonderem Wert wurde bereits hingewiesen: es sind die umfangreichen Aufzeichnungen von Lidija Tschukowskaja.[11] Sie war auch die Herausgeberin mehrerer Lyrikbände Achmatowas in verschiedenen Jahren. Sie kannte das Werk der Achmatowa beinahe genausogut wie die Dichterin selbst. Als Tochter des einflußreichen Schriftstellers Kornej Tschukowskij[12] war sie zudem eine hervorragende Kennerin des Leningrader literarischen Lebens und seiner Interna. Ihre Aufzeichnungen betreffen die gefahrvollen Jahre ab 1938.

Auf zwei weitere deutschsprachige Arbeiten sei noch ausdrücklich verwiesen. Das ist zum einen Anatolij Naimans Erinnerungsbuch «Erzählungen über Anna Achmatowa»[13]. Es vermittelt dem Leser den interessanten Erfahrungshorizont der mittleren Generation nichtangepaßter russischer Autoren gegenüber der Achmatowa. Naiman war die letzten Jahre literarischer Sekretär der Achmatowa. Mit ihm und über ihn fand auch der spätere Nobelpreisträger Joseph Brodsky Zugang zum engeren Freundeskreis der Achmatowa auf ihrer Datscha in Komarowo bei Leningrad. Eine Fundgrube für deutsche Achmatowa-Freunde ist zum anderen Jelena Kusminas Buch «Anna Achmatowa»[14]. Die Autorin ist sachkundige Mitarbeiterin des 1989 eröffneten Achmatowa-Museums in Petersburg.

Turbulenzen –
Genesis der Dichterin

Wofür ich sang, wovon ich träumte,
Es hat mir nur das Herz zerrissen.[15]
Anna Achmatowa (1917)

Besondere Anziehungskraft für Biographen und Leser haben die frühen Jahre eines Dichters: Kindheitsmuster, die Mutter, der Vater, das Familienklima, Bildungsweg, Lehrer, Freunde, frühe Liebe; nicht zuletzt Landschaft, Natur, die Interieurs der Wohnung, die Sprache. Man liest vieles darüber und weiß doch immer zuwenig über das Geheimnis der Genesis des Künstlers. Bei der Achmatowa ist es nicht anders. Woher kommt ihr Talent? Woher ihre Fähigkeit, es zu entdecken und sich konsequent zu ihm zu bekennen? Wo müssen die Quellen gesucht werden, die die unwiederholbare ästhetische Welt ihres Werkes gespeist haben?

Es bleibt kaum ein anderer Weg zur Beantwortung der vielen Fragen, als eine möglichst große Vielfalt sozialer, psychischer und materieller Faktoren herauszufinden, um dadurch Annäherungen an das Geheimnis der Genesis des Künstlers zu erreichen. Nicht unbeachtet dürfen auch die Aussagen der Achmatowa über sich selbst bleiben. Ihre Biographin Jelena Kusmina ist der Ansicht, daß früher oder später jeden Künstler der Erklärungszwang gegenüber der eigenen Person und dem Werk erfaßt. Dann komme es nicht selten, wie auch bei der Achmatowa, zur Legendenbildung um die eigene Person und die Wurzeln des Talents. Das Vergnügen daran sei offenbar groß und habe viel mit künstlerischer Phantasie zu tun. Man wird sehen, wie Anna Andrejewna Gorenko, die spätere Achmatowa, das betreibt, mit welchem Vergnügen, mit welcher Ironie, manchmal spielerisch-listig, manchmal selbstsicher und ernsthaft. Die Arbeit an der eigenen Legende wird Teil des künstlerischen Schaffensprozesses und verwebt sich untrennbar mit ihrem Werk.

Die sogenannte «immanente Schule», eine literaturwissenschaftliche Richtung, verlangte einst, sich einzig mit dem Werk des Autors zu beschäftigen, mit Textstrukturen, Sprachformen, Botschaften und dergleichen, alles ohne Betracht der realen Biographie des Autors. In unserer Monographie wird ein anderer Weg gegangen: es wird versucht, eine Art Koordinatensystem wichtiger Faktoren zu finden, in dem sich Persönlichkeit und Werk der Dichterin gebildet haben und das zugleich Veränderungen beschreibbar macht.

Überblickt man mit diesem Ansatz Anna Achmatowas fast acht Lebensjahrzehnte von 1889 bis 1966, fällt als erstes ihre Zeugenschaft in einer an Ereignissen, Wendepunkten und Katastrophen kaum mehr zu überbietenden Zeit ins Auge. Aus der für sie geltenden Perspektive betrifft das: die Agonie des russischen Zarismus und Rußlands totale Katastrophe; drei Revolutionen, die die Zerstörung jahrhundertelang bestimmender wirtschaftlicher, politischer und kultureller Traditionen zur Folge hatten; zwei Weltkriege; stalinistischen Personenkult und Massenrepressalien.[16]

Wichtiger aber noch als die bloße Zeitzeugenschaft ist, daß Anna Achmatowa stets direkt von den Ereignissen betroffen war. Sie war als Zeitgenossin immer auch Leidensgenossin.

So wie sie eines Tages ihre Biographin Lidija Tschukowskaja mit der Äußerung schockierte, sie sei im selben Jahr wie Hitler geboren, aber sogleich mit dem Hinweis beruhigte, das sei auch das Geburtsjahr von Charlie Chaplin, so notierte sie es in ihren Erinnerungen: *Ich bin mit Charlie Chaplin, Tolstojs «Kreutzersonate», Hitler [...] zur Welt gekommen.*[17] Auf diesen Bezug, den sie meistens ironisch artikuliert hat, ist sie später wiederholt zurückgekommen und hat ihn mit sichtlichem Vergnügen über die Jahre hinweg weiter ausgesponnen: 1889 wurde auch die chilenisch-indianische Schriftstellerin Gabriela Mistral geboren (die von der Achmatowa in späteren Jahren verehrt und bewundert wurde); und 1889 wurde der Pariser Eiffelturm als triumphales Symbol für Industriegesellschaft und Technikoptimismus erbaut; schließlich war 1889 die hundertste Wiederkehr der Französischen Revolution ... Sie sah in all diesen Bezügen etwas für sie Wesentliches. Außerdem hatten diese Synopsen etwas von einem schönen Spiel. Irgendwann später fiel ihr dazu immer wieder etwas ein, zum Beispiel, daß ihr Geburtstag der geheimnisumwitterte heidnische Johannistag sei. Ihre Phantasie hat eine für sie spannende Legende geschaffen, in der sie Platz nahm oder sich beeinflußt und eingeschlossen sah. Ohne die verschiedenen mythologisch-phantastischen Anreicherungen ihres Lebens sollte sie in Zukunft nicht mehr auskommen.

Von allen bisherigen Achmatowa-Biographen und von ihr selbst wissen wir, daß sie keine schöne, behütete, von Poesie und Kunst erfüllte Kindheit gehabt hat. Sicher stimmt es, daß ihre sanfte, gütige, zugleich immer zerstreute und in sich gekehrte Mutter Inna Erasmowna ihr erste Begegnungen mit russischer Poesie verschaffte. Sie las ihren Kindern gern aus dem Poem des volkstümlichen Dichters Nikolaj Nekrassow «Frost Rotnase» vor. Das war aber keine gezielt ausgewählte Lektüre; späteren Äußerungen Achmatowas zufolge war dies überhaupt das einzige Buch im Hause Gorenko, ein Geschenk von Inna Erasmownas erstem Mann, der sich 1881 erschossen hatte, um Verhaftung und Verbannung zu entgehen. Er war Mitglied der Terrororganisation «Narodnaja Wolja» (Volkswille) gewesen, die 1881 den Zaren Alexander II. ermordet hatte.[18]

In der Gorenko-Familie war kein Klima für rosenrote Kindheit und Harmonie, entnimmt man einem von Achmatowas Gedichten. Turbulenzen bestimmten das Familienklima ständig. Vor allem der Vater, der Maschineningenieur bei der Marine war, trug diese hinein. Andrej Antonowitsch Gorenko war ein unsensibler, dominanter und wahrscheinlich auch jähzorniger Mann. Anna hat ihren Vater nie geliebt, wohl nicht einmal wirklich achten können. Er ist 1915 bereits gestorben. Inna Erasmowna überlebte ihn um fünfzehn Jahre. Die meisten ihrer Kinder starben früh, drei ihrer vier Töchter an Tuberkulose, ein Sohn nahm sich wegen des Malariatodes seines Kindes das Leben. Nur Anna und ihr jüngerer Bruder Viktor blieben aus der großen Gorenko-Familie übrig. Viktor starb im Jahre 1976 als Bürger der USA. Er hatte ein sehr abenteuerliches Leben geführt, worüber er zwei Jahre vor seinem Tod in einem ausführlichen Interview berichtet hat. Darin sind auch interessante Erinnerungen an seine Schwester Anna zu finden, mit der er noch 1964/65 einige Briefe gewechselt hat.[19]

Die Turbulenzen und tragischen Ereignisse in der Familie haben Anna Achmatowa ihr Leben lang wie ein Trauma begleitet. Sie trugen sicher auch mit dazu bei, daß sie selbst zu einem harmonischen Familien- bzw. Eheleben nicht imstande war. Weitere Spannungen kamen hinzu, als die Eltern wegen einer Dienstversetzung des Vaters in die Nähe von Petersburg übersiedelten.

Vom Süden, vom Schwarzen Meer, von der besonderen Landschaft

Die Familie Gorenko, um 1895.
Zweite von rechts: die Tochter Anna

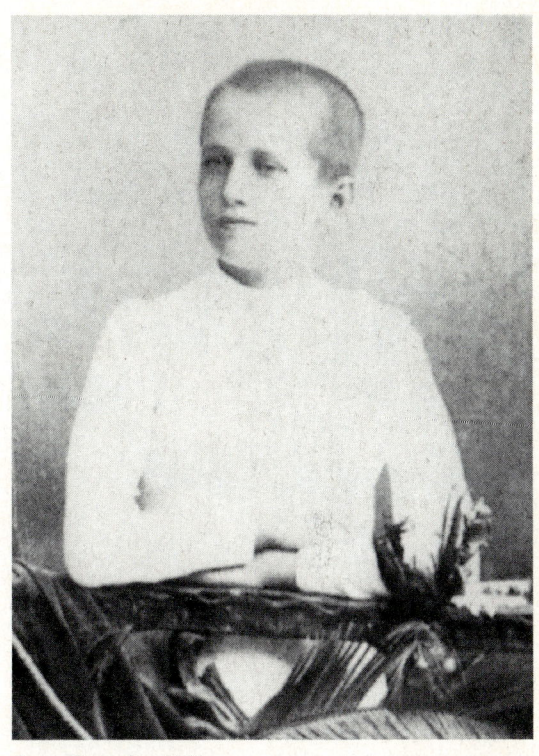

Anna Gorenko, 1900

und Kultur dieser Gegend mit ihrer langen historischen Tradition hat Anna Achmatowa erst aus späteren Jahren, von den Sommeraufenthalten dort, tiefere Eindrücke empfangen. Zunächst wurde die ästhetische und soziale Realität von Zarskoje Selo[20] bei Petersburg für sie prägend. Hier lebten die Gorenkos bis zu ihrer Scheidung im Jahre 1905. Kusmina widmet diesem Zarskoje Selo, das bis 1917 Sommerresidenz des russischen Zaren war, in ihrer Biographie viele Seiten, sie nennt es mit Recht einen besonderen Ort in Rußland. In diesem «russischen Versailles» fielen der jungen Anna bald die scharfen sozialen Gegensätze ins Auge: die prachtvolle Zarenresidenz mit ihren barocken Palästen, die französischen Parks und antiken Marmorskulpturen, ein paar Schritte daneben ein ärmliches, staubiges russisches Provinznest mit niedrigen Hütten, vom Verfall geprägt. Die

Zarskoje Selo, die Sommerresidenz des Zaren – das «russische Versailles»,
um 1914

junge Anna nahm diese Gegensätze jedoch nicht als Aufeinander-
prallen feindlicher Welten wahr, sondern als unheimliches und, wie
sie es später einmal nennt, infernalisches Nebeneinander von äuße-
rem Frieden und innerer Leere. Das sensible junge Mädchen nahm
vor allem das Atmosphärische dieses Ortes wahr: die Faszination der
Farbkompositionen des russischen Barock aus Weiß, Blau, Gold und
Grün, die zu ausgedehnten Parks geordnete Natur, die Strenge und
Stille. Dieses kleine Städtchen hat die Achmatowa nachhaltig beeinflußt. Selbst heute noch, nach der Restaurierung, weht hier so etwas
wie der Hauch der Geschichte.

Es gab aber auch Tag für Tag für das intelligente junge Mädchen
die Erlebnisse eines öden Schulbetriebs in jenem Maria-Fjodo-
rowna-Gymnasium, das sie besuchte. Besonders hier bauten sich immer deutlicher psychische Spannungsfelder bei ihr auf. Sie verban-
den sich mit dem Unbehagen über die Gegebenheiten in der Familie,
über die Auseinandersetzungen zwischen den Eltern.

Sie war vierzehnjährig, als ihr Nikolaj Gumiljow zum erstenmal

begegnete: ein sensibler, vielseitig künstlerisch begabter junger Mann, Arztsohn, siebzehnjährig, ebenfalls Gymnasiast in Zarskoje Selo. Es war Weihnachten 1903. Gumiljow verliebte sich in die schöne, schlanke und sehr selbstbewußte Anna Gorenko. Ihr aber hatte es ein anderer Mann, ein Petersburger Student, angetan. Er wurde ihre erste Liebe. Sie blieb jedoch unerwidert. «Zu allen Zeiten und in allen Ländern», schreibt Kusmina, «nimmt das Schicksal bedeutender Frauen stets seinen Anfang mit einer unerwiderten Liebe.» [21] Auf Anna Achmatowa trifft das ganz sicher zu. Sie widmete einige Zeit später diesem für sie unerreichbaren «W. G. K.» ein trotzig-selbstbewußtes Gedicht aus zehn Distichen, in dem Nikolaj Gumiljow einen Funken dichterischen Talents gespürt haben muß, denn er veröffentlichte es kurzerhand in seiner neugegründeten Pariser Literaturzeitschrift «Sirius» im Jahre 1907.

Wie dieses erste gelungene Gedicht in seine Hände gekommen sein mochte, bleibt offen. Es wurde ein bekannter und auch für Achmatowa wichtiger Text. Er erschien noch unter dem Namen Gorenko, den hatte Gumiljow ohne ihr Wissen daruntergesetzt. In diesem Gedicht spürt man deutlich ihre Freude an exotisch-erlesener Sprache. Sie erfindet sich einen angeblich professionellen Verführer mit Brillanten, Opalen und Rubinen an jedem Finger. Sie sieht diese als Trophäen seiner Verführungskünste. Sie erfindet auch den ringeschmiedenden Mondstrahl, der sie in ihrem Stolz bestärkt, *mein Ring aber fehlt an der blassen Hand, an niemand, niemals werd ich ihn verschenken* [22].

Das war im letzten Jahr ihrer Gymnasialzeit. Sie absolvierte nun das Funduklejew-Gymnasium in Kiew, wohin ihre Mutter sie nach Scheidung und Umzug geschickt hatte. In Erinnerungen ihrer Mit-

Die Prima des Kiewer Funduklejew-Gymnasiums, 1906/07;
Anna Gorenko zweite von links in der zweiten Reihe von vorn

schülerinnen heißt es von dieser Zeit, daß sie viel las. Genau bezeugt
sind zwei skandinavische Autoren, die damals großen Einfluß auf
die russische Kultur ausübten: Knut Hamsun und Henrik Ibsen. Von
Knut Hamsun mag sie die Romane «Hunger», «Mysterien», «Pan»
und «Viktoria» gelesen haben. Ob sie von Hamsuns abenteuer-
lichem, unbehaustem Leben als Farmer, Schaffner, Schuhmacher gewußt hat, von seinem Außenseiterdasein? Bei Ibsen läßt sich nicht
verläßlich rekonstruieren, welches seiner dramatischen Werke die
junge Anna Gorenko gesehen haben könnte, wenn sie hin und wieder mit ihrem Vater in ein Petersburger Theater gehen durfte. Ibsen
war in Moskau und Petersburg mit mehreren Stücken erfolgreich.
Schließlich weiß man, daß Anna während ihrer Kiewer Gymnasialzeit ihrer Schwester Ija französische Romane vorgelesen hat und
Gedichte von Alexander Blok. Überliefert ist auch, daß sie einen der
ersten bedeutenden Poeten der russischen Moderne, Walerij Brjussow[23], gekannt haben muß.
   Das bisher Gesagte zeigt, daß Anna Gorenko zwischen ihrem

vierzehnten und siebzehnten Lebensjahr intensive und eigenständige Beziehungen zur zeitgenössischen europäischen Literatur aufnahm. Das geschah in einem deutlich erlebten Gegensatz zu ihrer wenig lesefreundlichen Familie. Persönliche Beziehungen zu Literaturkennern oder literarisch Tätigen spielen oft eine motivierende und formende Rolle bei der Entwicklung eines jungen Talents. Für die Achmatowa kann man davon ausgehen, daß sie im klassischen Sinne nie in einem Lehrer-Schüler-Verhältnis zu einem zeitgenössischen Dichter gestanden hat. Keiner ihrer literarisch einflußreichen Zeitgenossen war im direkten Sinne ihr Lehrmeister oder Vorbild, wenngleich sie zeitlebens Innokentij Annenskij[24] wie einen solchen verehrt hat.

Zurückzukommen ist auf das Spannungsverhältnis zwischen den beiden großen Regionen Rußlands, zwischen denen sie nach 1905 einige Jahre, nun auch außerhalb der üblichen Sommeraufenthalte, hin- und herpendelte – zwischen dem Schulort Kiew und der Krim, wo Mutter und Geschwister lebten. Das bedeutete nicht einfach geographisch Süden und Norden, sondern tiefgehende Polaritäten: hier Leichtigkeit, Ungebundenheit, Freisein, Sommer; dort, im Norden, Starre, öde Disziplin, Winter. Sehr bezeichnend nennt sie sich einmal das wilde Mädchen vom Meer, das ihre Sommer in einer Bucht bei Sewastopol verbringt. Ihre nixenhafte Leidenschaft für das Meer, für stundenlanges Schwimmen und Tauchen deutete sie später als das Heidnische in ihrem Wesen. Es stand bald für sie fest, daß alles, was sie umgab und was in ihr Blickfeld geriet, von unausgleichbaren Spannungen erfüllt war. Diese wurden mit den Jahren immer umfassender und vielschichtiger. Sie selbst verstand sich als vom Schicksal dazu auserkoren oder verdammt, die Spannungen in sich auszutragen.

So sah sie zum Beispiel in den ihr vertrauten Regionen Rußlands nicht mehr bloß die Gegensätze zwischen klassizistisch-barocker Architektur von Petersburg und dem Süden Rußlands mit seinen Spuren der Antike (Cherson, Sewastopol). Drängender noch und in historischer Dimension fühlte sie die Spannung zwischen dem Westeuropäisch-Klassizistischen der Petrinischen Prachtbauten und der karg-vollkommenen Ästhetik altrussischer Sakralbauten in Nowgorod und Kiew. Was in den kommenden Jahren für sie auch an neuen Erfahrungswelten hinzukommen sollte (Italien, Frankreich, Mittelasien), sie versuchte alles in ihr einmal gefundenes Grundmuster dieser Widersprüche einzufügen. Das Wichtigste für die angehende Dichterin war, daß sie diese objektiven Kontraste in der Kultur,

Landschaft und Tradition Rußlands schon in jungen Jahren als tragisch-schicksalhaft empfand und als latente, jederzeit sich entladende Bedrohung verinnerlicht hat. Sie allein fühlte sich berufen – oder auch verdammt dazu –, die Spannungen in sich auszutragen und zu lösen. Das war eine für ihr Selbstverständnis zentrale «Legende», die ihre Dichtung lebenslang motiviert und durchzieht.

In einem Brief an ihren Schwager Sergej Stejn schrieb sie 1907: *Ich heirate meinen Jugendfreund Nikolai Stepanowitsch Gumiljow. Er liebt mich bereits seit drei Jahren, und ich glaube, daß es mir vom Schicksal beschieden ist, seine Frau zu sein.* Tage später in einem anderen Brief: *Was denken Sie, wie wird mein Vater reagieren, wenn er von meinem Entschluß erfährt? Sollte er gegen meine Heirat sein, so werde ich ausreißen und mich heimlich mit Nikolai trauen lassen.*[25]

Als diese Briefe geschrieben wurden, studierte Nikolaj Gumiljow an der Pariser Sorbonne, übrigens Annas ältester Bruder Andrej auch. Beide waren ein Jahrgang. Gumiljow glaubte, Anna Gorenko leidenschaftlich zu lieben. Er widmete ihr seine Gedichte und andere Arbeiten. Alle, einschließlich der Achmatowa, bezeugen, daß Gumiljow ein äußerst komplizierter Charakter war, sensibel, hochgebildet, von der Mutter verwöhnt und verzogen, vielseitig talentiert und auf exotische Abenteuer orientiert. Außer zu seiner Mutter hatte er zu allen gespannte Beziehungen. 1907 unternahm er auf eigene Kosten eine Forschungsreise nach Afrika (Abessinien, Somalia, Djibouti). Im selben Jahr besuchte er Anna Gorenko auf der Krim. Über die Art der Beziehung zwischen beiden gibt es nicht mehr als eine Vielzahl von Mutmaßungen. Wir schließen uns einem der letzten Urteile, die publiziert wurden, an. David Samoilow schreibt lakonisch: «Ich fühle mich nicht dazu berechtigt, zu Schwierigkeiten und Dramatik der persönlichen Beziehungen zwischen Achmatowa und Gumiljow Stellung zu nehmen. Ich meine einfach, daß Beziehungen zwischen zwei Dichtern dieser Größenordnung, der Widerstand des einen Talents gegen das Diktat des anderen, schon ihrer Natur nach dramatisch sind.»[26]

Achmatowas Bruder Viktor hat in einem Interview gesagt, beide hätten sich oft gestritten, es habe gegenseitige Unterstellungen, herausfordernde Reaktionen gegeben. Gumiljow habe zum Beispiel eines seiner Stücke verbrannt, weil sie es angeblich nicht anhören wollte.

Dennoch, sie heirateten im April 1910 nach dreijähriger Verlobungszeit. Gumiljow war wieder nach Rußland zurückgekehrt und

Student an der Petersburger Universität geworden, immatrikuliert an der Historisch-Philosophischen Fakultät. Er mußte für seine Eheschließung die schriftliche Einwilligung des Rektors einholen, die er auch bekam. Die Hochzeit mit kirchlicher Trauung wurde in einer Kiewer Kirche, allerdings ohne die Teilnahme des Vaters, vollzogen.

Bald nach der Eheschließung brach das Paar nach Paris auf. Für die angehende Dichterin war das die erste Auslandsreise, angeregt durch Gumiljow, der Paris aus eigenem Erleben bereits kannte, zugleich einer Tradition folgend, die russische Künstler in der Regel in die westeuropäischen Kulturzentren von Paris bis Norditalien zog. Kurz vorher hatte Anna Gorenko zum erstenmal und im Beisein von Gumiljow Gelegenheit gehabt, im sogenannten «Turm» des Dichters Wjatscheslaw Iwanow[27] einige ihrer Gedichte zu lesen. Von einer Hochzeitsreise im traditionellen Sinn konnte allerdings bei den beiden jungen Dichtern keine Rede sein, in Paris ging jeder offensichtlich sogleich seiner Wege. Gumiljow begab sich erneut auf eine exotische Reise nach Afrika, und die jungverheiratete Anna fand bald in dem damals noch völlig unbekannten italienischen Maler Amedeo Modigliani einen verständnisvollen und interessierten Gesprächspartner. Modigliani war ebenso wie sie künstlerisch auf der Suche.

Amedeo Modigliani,
um 1910

Über ihr Zusammensein gibt es heute einigermaßen verläßliche Fakten, auch wenn ein geheimnisvoller Nimbus bleibt. Anna Achmatowa und Amedeo Modigliani begegneten sich 1911 erneut, wiederum in Paris. Ob Modigliani sie auch nach Norditalien begleitet hat und ob die beiden in Modiglianis Geburtsstadt Livorno waren, bleibt ungeklärt. Bei dieser zweiten Begegnung hat Modigliani die schöne junge Russin aber mit Sicherheit täglich gesehen. Er war ihr durch seine Briefe (die leider verlorengegangen sind) vertraut geworden. Achmatowa erwähnt in einem späteren Essay über ihn[28] stundenlange Spaziergänge durchs Zentrum von Paris, Fortsetzungen vom Jahr davor, als «Modi» ihr den Jardin de Luxembourg, den Eiffelturm und vor allem den Louvre gezeigt hatte. Sie erwähnt im Essay auch den Verlaine-Kult, der sie beide verbunden habe. Wie mit einer Stimme, schreibt sie, seien die Verse dieses Dichters aus beider Mund geflossen. Sie kannten nicht nur Paul Verlaines, sondern auch Stéphane Mallarmés und Charles Baudelaires Gedichte auswendig. Anna trug Modigliani eigene Gedichte vor. Leider verstand der Maler kein Wort Russisch, erriet nur an Klang, Melos und Gestus ihrer Verse, daß er es mit einem poetischen Talent zu tun hatte.

An dieser Begegnung reizt bis heute vieles die Phantasie. Sie ist voller Geheimnisse, Exotik und Gegensätze. Achmatowa hat sie in ihre «Legende» einzubauen gewußt und den Schleier über ihr nie ganz gelüftet. Modigliani verewigte sie in einem Zyklus von mehr als zwanzig Zeichnungen, auf denen die junge Achmatowa stehend, sitzend, liegend, sogar am Trapez hängend dargestellt ist. Seine äußersten Verknappungen auf die Kontur sind genial. Er schenkte ihr beim Abschied sechzehn seiner Zeichnungen. Aus irgendeinem Grund nahm man bis vor kurzem an, daß das alle Zeichnungen waren, die Modigliani von ihr gemacht hatte. Es galt bis 1992 als sicher, daß Achmatowa davon nur eine einzige hat retten können, die sie bis ans Lebensende wie eine Ikone hütete. Sie hing in allen ihren kargen Zimmern, überlebte alle Umzüge; die anderen waren nach Achmatowas Aussagen in den Wirren der Revolution verlorengegangen.

1992 jedoch wurden zehn Zeichnungen in der Sammlung des Modigliani-Freundes Paul Alexandré entdeckt, die man einem «Achmatowa-Zyklus» zuordnete. In der Modigliani-Ausstellung im Palazzo Grassi in Venedig waren sie im selben Jahr zu sehen. Sie legen nahe, daß Modigliani in der schönen und klugen Russin ein ideales Modell seiner künstlerischen Vorstellungen von weiblicher Vollkommenheit gefunden zu haben glaubte.[29]

Anna Achmatowa. Zeichnung von Amedeo Modigliani, 1911

Unklar bleibt allerdings, ob Achmatowas zweite Paris- und Italienreise 1911 noch einmal einen solchen Bezug zu Modiglianis Kunst hatte. In den eineinhalb Monaten ihrer Reise besuchte Anna Gorenko neben Paris vor allem die norditalienischen Kunstzentren (Venedig, Bologna, Padua, Florenz, Pisa und Rimini), dabei stand das Erlebnis italienischer Malerei und Architektur für sie im Mittelpunkt.

Ihre künstlerische Entwicklung bekam kurz nach diesen beiden Reisen einen entscheidenden neuen Impuls. Die junge Lyrikerin fand Zugang zum literarischen Leben von Petersburg: eine Verbindung mit den avantgardistischen Neuerern, jedenfalls einer ihrer wichtigen Richtungen, wurde hergestellt. Im Jahre 1911 hatten die jungen Dichter Nikolaj Gumiljow, Wjatscheslaw Iwanow, Sergej Gorodezkij, Ossip Mandelstam, Wladimir Narbut und die Achmatowa (damals noch Anna Gorenko) die sogenannte «Dichterzunft» (Zech poétow)[30] gegründet. Sie wurde durch literarische Manifeste und die von ihren Mitgliedern veröffentlichten Gedichte – vor allem die der Achmatowa und des kurz vorher verstorbenen Innokentij Annenskij – zu einer wichtigen Keimzelle moderner Dichtung in Rußland. Man

25

entschied sich bei der Benennung für einen neuen -ismus: für den geheimnisvollen Namen «Akmeismus».

Nachdem Gumiljow im März 1911 aus Abessinien zurückgekehrt war, intensivierte sich die Arbeit der neuen Dichterzunft. In den Versammlungen, die in der Regel dreimal monatlich stattfanden, wurden die Gedichte der Mitglieder gründlich diskutiert. Achmatowa war mit ihren Arbeiten besonders gut angekommen. Als Gumiljow das während seiner Abwesenheit Neuentstandene gelesen hatte, forderte er sie auf, ein Buch zu machen. Dieses Buch sollte nicht mehr lange auf sich warten lassen.

In den Zunftversammlungen wurde in diesen Monaten auch ihre literarische Programmatik weiter ausgearbeitet und diskutiert. Man muß sich die literarische Gruppe der Akmeisten – im Unterschied zu den Symbolisten – als sehr kleinen Kreis hochbegabter junger Dichter vorstellen. Keiner war älter als dreißig, keiner verfügte über nennenswerte materielle Mittel, dafür alle über eine umfassende literarische Bildung. Gorodezkij, Michail Kusmin und Gumiljow erwiesen sich als die theoretischen Köpfe und leisteten als sogenannte Syndikusse der Zunft auch viel organisatorische Arbeit. Ihre Beiträge zwischen 1910 und 1912/13, alle in der zunfteigenen Zeitschrift «Apollon»[31] veröffentlicht, bildeten zusammen das Programm der Akmeisten.

Als Beispiel mögen hier einige der zentralen Aussagen von Gumiljows Artikel «Das Erbe des Symbolismus und der Akmeismus» stehen. «Eine neue Richtung ist angetreten, den Symbolismus abzulösen, und wie wir sie auch nennen mögen – ob Akmeismus (vom Wort akme, höchste Stufe von etwas, Blüte, Blütezeit) oder Adamismus (mutig-fester und klarer Blick auf das Leben) –, auf alle Fälle verlangt Akmeismus ein größeres Gleichgewicht der Kräfte und genauere Kenntnisse über die Beziehungen zwischen Subjekt und Objekt als der Symbolismus.»

Er müsse aber das Erbe des Symbolismus[32] ganz und gar verarbeiten und auf anstehende Fragen antworten. Der Ruhm der Vorgänger verpflichte, und der Symbolismus sei ein würdiger Vater. «Jede Richtung erfährt eine gewisse Verliebtheit in diese oder jene Künstler und Epochen. [...] In den dem Akmeismus nahestehenden Kreisen sind vor allem die Namen Shakespeare, Rabelais, Villon und Théophile Gautier zu hören. Jeder von ihnen ist ein Eckstein im Gebäude des Akmeismus. [...] Shakespeare zeigte die innere Welt des Menschen; Rabelais den Körper und seine Freuden, seine kluge Physio-

Sergej Gorodezkij (rechts) mit Sergej Jessenin

logie; Villon lehrte uns das Leben, nicht ohne an ihm zu zweifeln, obwohl er alles kannte – Gott, die Vergänglichkeit, den Tod, die Unsterblichkeit; Théophile Gautier fand für dieses Leben in der Kunst die würdigen Gewänder tadelloser Formen. Alle diese vier Momente miteinander zu vereinen, das ist der Traum, der uns, die so kühn sind, sich Akmeisten zu nennen, miteinander verbindet.» [33]

Aus den theoretischen Beiträgen der jungen «Zunft-Syndikusse» ergab sich für den Akmeismus folgende Programmatik: erstens die

Wiederentdeckung der die ästhetischen Sinne stimulierenden Gegenständlichkeit der Welt, der sogenannten einfachen Dinge; zweitens ein Höchstmaß an Klarheit und Konkretheit der Sprache, vor allem der sprachlichen Bilder; drittens die Konzentration auf die wirkliche Gefühls- und Erlebniswelt des Menschen, ohne Mystik und Transzendenz. Die Akmeisten vollzogen schließlich viertens eine Wende in ihrer Vorliebe für andere Künste gegenüber den Symbolisten, für die die Musik die erste aller Künste war. Sie favorisierten in ihrem Bemühen um klare, faßbare Wirklichkeitserscheinungen Architektur und Malerei.

Die Akmeisten hatten bei der Formulierung ihrer Programmatik bereits einige literarische Leistungen vorzuweisen. Zu ihnen zählten sie den 1910 postum veröffentlichten Gedichtband des ehemaligen Gymnasialdirektors von Zarskoje Selo, Innokentij Annenskij, «Die Zypressenholzschatulle»[34], in dem sie deutliche Übergänge vom Symbolismus zu der von ihnen verlangten literarischen Erneuerung erkannten: detailgenaue Stimmungsbilder, ausgelöst durch Gegenstände der realen Welt, Rückgewinn an Wirklichkeit und Verständlichkeit in der Dichtung.

Die andere dem akmeistischen Programm entsprechende Leistung boten die ersten veröffentlichten Gedichte der jungen Achmatowa, die 1912 in ihrem Debütband *Abend* (*Večer*) in Petersburg erschienen.[35]

«Abend» –
«Ich bin keine Poetesse»

Dem Sonnenstrahl gilt mein Gebet –
Dem zarten, graden, blassen.
Am Morgen bin ich stumm und steh
Als wär mein Herz gespalten.
Auf meinem Waschgefäß
Grünt des Kupfers Span.[36]
Anna Achmatowa (1909)

Im März 1912 erschien im Selbstverlag der neuen literarischen Gruppe in St. Petersburg Anna Achmatowas erster eigener Gedichtband *Abend*. Er vereinte knapp fünfzig kürzere und längere Texte, entstanden zwischen 1909 und 1911. Seine Auflage war klein und sehr bald verkauft.

Anna Gorenko hatte nach eigenen Aussagen schon mit elf Jahren, im Gymnasium von Zarskoje Selo, angefangen zu schreiben. Auch in der Kiewer Gymnasialzeit 1906/07 und den anschließenden Jahren als Hörerin in den Kiewer Höheren Frauenkursen 1908 bis 1910 hatte sie Gedichte geschrieben, aber sie waren offenbar so weinerlich, daß selbst der über beide Ohren in sie verliebte Gumiljow nicht imstande war, sie zu ertragen oder gar zu loben. *Er hörte sie an, weil ich es war, beurteilte sie jedoch sehr negativ; er riet mir, mich für irgendeine andere Beschäftigung zu entscheiden. Er hatte recht: Ich schrieb damals wirklich grauenhafte Gedichte.*[37] Erst bei der Korrektur von Annenskijs «Zypressenholzschatulle» ahnte sie nach ihren Worten etwas von Poesie. Dies war nach der Rückkehr von ihrer ersten Parisreise. In jenem Jahr übrigens entschied sich Anna Gorenko wegen einer Intervention ihres Vaters für das Pseudonym «Achmatowa».

Um diesen Namen gibt es verschiedene Legenden. Am überzeugendsten erscheint uns, daß der Name Bezug nimmt auf den letzten Tataren-Khan, da mit Anna Gorenkos Geburtstag auch das Ende der Tatarenherrschaft in Rußland zusammenfiel. Anderen Legenden zufolge ist dieser Name einer Verwandten zuzuschreiben, die Tatarin gewesen sein soll. Das aber ist bisher nicht nachgewiesen.

Leser und Kritiker nahmen die neue Dichterin sofort freundlich auf. Leider stehen dem deutschen Leser ohne russische Sprachkenntnisse bisher kaum mehr als ein Viertel der Gedichte des *Abend*-Bandes zur Verfügung, so daß hier auch zusammenfassend und beschreibend eine Annäherung versucht werden muß. Zunächst im Block einige Texte, zusammengestellt aus verschiedenen Ausgaben dieser ersten Achmatowa-Anthologie.

Das Lied der letzten Begegnung

Mir war kalt, und ich glaubte zu sinken,
aber leicht war mein Schritt und gewandt.
Und ich streifte den Handschuh der Linken
verwirrt auf die rechte Hand.

Mir erschienen so zahllos die Stufen;
doch ich wußte: es waren vier!
Aus dem Ahorn herbstliches Rufen
bat mich flehend: «Stirb doch mit mir!

Grausam-launisch hat stets betrogen
mich das Schicksal. Es zürnte mir.» –
«Ich bin auch», rief ich aus, «belogen.
Wenn du stirbst, sterbe ich mit dir.»

Dies das Lied der letzten Begegnung!
Dieses Haus war so schwarz und kahl.
Nur im Schlafgemach gelb, ohne Regung
brannten Kerzen, teilnahmslos-fahl.[38]
(1911)

Das Kissen ist schon heiß
Auf beiden Seiten.
Der zweiten Kerze Weiß
Erlischt. Draußen gleiten
Raben mit lautem Gekrächz.
Ich habe nicht geschlafen,

Gedichthandschrift, 1910

Die Nacht geht vorbei …
Wie mich die Vorhänge trafen,
Weiß triebs herbei.
Sei gegrüßt![39]
(1909)

Halboffen die Türe,
Die Linden wehen süß …
Auf dem Tisch vergessen
Die Gerte, der Handschuh.

Gelb von der Lampe ein Kreis …
Ich höre es rascheln.
Weshalb gingst du fort?
Ich verstehe es nicht …

Hell und froh wird
Morgen der Tag sein.
Das Leben ist schön doch,
Herz, sei jetzt auch klug.

Du bist sehr, sehr müde,
schlägst leise und dumpf …
Ich las, weißt du,
Daß Seelen unsterblich.[40]

Der grauäugige König

Ruhm dir, ewigwährender Schmerz!
Der grauäugige König ist nicht mehr.

Der Herbst war blutrot und drückend am Abend,
Mein Mann kehrte ruhig nach Haus und sagte:

«Weißt du, sie fanden ihn unter der Eiche,
Vier Männer trugen ihn von der Jagd.

So jung … Die Königin tut mir leid.
Sie ist in einer Nacht ergraut.»

Er fand die Pfeife am Kamin,
Er ging zur nächtlichen Arbeit fort.

So werde ich nun mein Töchterlein wecken,
Ihr in die Äuglein, die grauen, blicken.

Die hohen Pappeln rauschen im Hof:
« Dein König ist tot ...» [41]
(1910; Nachdichtung: Sarah Kirsch)

Willst du wissen, wies erging ihr? –
Drei schlug es im Zimmer,
Und beim Abschied, das Geländer suchten schon die Finger,
Sagte sie, als ob sie mit sich ringe,
« Das ist alles ... Doch vor allen Dingen,
Dies: Ich liebe Sie, schon immer
Liebe ich Sie ja!»
«Ja.» [42]
(ohne Titel, 1910; Nachdichtung: Roland Erb)

Der Fischer

Arme nackt bis an den Bizeps
Und Augen blauer als Eis.
Stickig und beißend Teergeruch,
Wie die Bräune dir steht.

Ewig und immer ist offen
Der Kragen am blauen Hemd.
Die Fischerfrauen seufzen
Errötend vor dir.

Sogar das kleine Mädchen, das
Zur Stadt geht mit Sprotten,
Läuft abends verloren
Die Bucht hin und her.

Blaß ihre Wangen, die Arme schlaff,
Müde ihr Blick und tief,
Krabben kitzeln um ihre Füße,
Kriechend im Sand.

Sie kann sie schon nicht mehr
Fangen, mit langgestreckter Hand.

Immer stärker schlägt ihr das Blut,
Von Sehnsucht wund.[43]
(1911)

Den Zeitgenossen fiel diese neue Stimme unter den Petersburger Poeten schnell auf. Achmatowas selten verstecktes lyrisches Ich offenbarte freimütig die innere Welt einer jungen Frau mit einer ungewöhnlich anziehenden und klingenden, faszinierenden poetischen Stimme. Es führte eine widerspruchsreiche Gefühlswelt vor, eigenartig und magnetisierend, so nie gehört und doch in allem seit ewig vertraut. An ihrem ersten Gedichtband kann man heute noch feststellen, wie gut ihre Bilder sind. Es sind ganz im akmeistischen Sinn genaue poetische Fixierungen von wechselnden Stimmungen; von Trauer, Schmerz, Nichtfaßbarem, von Aufruhr, grenzenloser Sehnsucht, Verlorensein – ohne hinschmelzende Sentimentalität. Oh-Rufe gibt es ganz selten. In dieser Gefühlswelt fanden sich damals viele junge Leserinnen und Leser wieder. Für sie wurde die Achmatowa zum Inbegriff der modernen jungen Frau. Sie ahmten die Achmatowa bis in Gesten, Stimme und Kleidung nach. Das verflog zwar bald wieder, die Wirkung vieler ihrer Gedichte, die den Leser dadurch emotionalisieren konnten, daß sie dessen eigene Erlebnisse in der Erinnerung erwachen ließen, blieb. Sie hatten eine solche Anziehungskraft, daß man sie auswendig lernte. Der «Achmatowa-Kult» betraf verständlicherweise vor allem jüngere Frauen. Sie fühlten sich durch dieses Sprechen aus ihrer Mitte heraus verstanden, vertreten – und auch ermutigt.

Ein Geheimnis ihrer Wirkung waren mit Sicherheit die nicht abgenutzten einfachen und doch seltenen und edlen, aber ganz und gar nicht erzwungenen Wörter und Bilder. Sie kamen wie selbstverständlich aus einer jedermann verständlichen Umwelt, Landschaft und einfachen Dingwelt. Es waren allbekannte Gerüche und Geräusche, Farben und Licht, das Atmosphärische, Schrilles und Stilles. Ihr elegischer Ton läßt nichts zerfließen, er bannt und zähmt die Gefühle, nimmt ihnen ihre chaotische Gewalt.

Das folgende mehrteilige und umfangreichste Gedicht des Bandes kann auch noch in seiner interlinear wiedergegebenen Form unsere Aussagen anschaulich machen. Der Text ist der Frau ihres ältesten Bruders Andrej Gorenko, Maria Alexandrowna, gewidmet.

Betrug

Für M. A. Gorenko

I

Von Frühlingssonne trunken dieser Morgen,
Auf der Terrasse hörbar – Duft von Rosen,
Der Himmel klarer als Fayencen.
Ein Band in weichem Saffianleder;
Ich les darin die Elegien und Stanzen,
Für meine Großmutter geschrieben.

Ich seh den Weg zum Tor, die Pforten
Glänzen weiß und deutlich im smaragdnen Rasen.
O, wonnig blind verliebt mein Herz,
Freude schenken bunte Beete,
Am Himmel schwarz ein Krähenschrei,
Am Ende der Allee der Bogen eines Kellers.

II

Heiß weht der schwüle Wind,
Die Sonne hat die Hand verbrannt,
Das Luftgewölbe über mir
Ist blauer noch als Glas;

Trocken duften Immortellen
Im zerfransten Zopf.
Am Stumpf der rauhen Tanne
Eine Ameisenstraße.

Faul glitzert der Teich im Silber,
Mein Leben ist wieder leicht …
Wen träume ich mir heute
Ins bunte Hängemattennetz?

III

Blauer Abend. Die Winde sanft gelegt,
Ein helles Licht ruft mich nach Haus.
Ich rate, wer dort ist? Der Bräutigam
Doch nicht, mein Liebster …?

Bekannt die Silhouette,
Kaum hörbar leises Sprechen.
O, schöne Mattigkeit, die hab
Ich bisher nicht gekannt.

Die Pappeln rauschen aufgeregt,
Zärtliche Träume suchen sie auf.
Der Himmel wie krähenschwarzer Stahl,
Blaß glanzlos sind die Sterne.

Ich trag mein Bukett mit weißen Levkojen.
Verborgen heimliches Feuer darin,
Wenn er die Blumen aus ängstlicher Hand
Nimmt, fühlt er die Wärme von mir.

IV
Ich habe die Worte geschrieben,
Die ich lange nicht sagen konnte.
Dumpf schmerzt mir der Kopf,
Seltsam stumm wird mein Leib.

Verstummt ist das Jagdhorn fern,
Im Herzen dieselben Rätsel noch,
Leichter Herbstschnee lag
Auf dem Krocketplatz.

Solln doch die letzten Blätter rauschen!
Solln die Gedanken mich quälen!
Ich will nicht stören
Den, der das Scherzen gewöhnt ist.

Den geliebten Lippen verziehen
Hab ich den grausamen Scherz.
O, Ihr werdet zu uns kommen
Morgen zur ersten Schlittenpartie.

Kerzen brennen in der Diele,
Zärtlicher ihr Glänzen tags.
Ein ganzes Bukett wird sein:
Rosen aus der Orangerie.[44]
(1910; Übertragung: Wolfgang Hässner)

36

Anna Achmatowa. Gemälde von Natan Altman, 1914

Der *Abend*-Band der Achmatowa bedeutete kein bewußtes Eingreifen in poetologisch-literarische Auseinandersetzungen und Richtungskämpfe. Ihre Verse waren schon da, ehe es die akmeistische Programmatik gab. Sie spiegeln das vielschichtige Psychogramm einer zwanzigjährigen jungen Frau wider, wie das von Achmatowa später erst hinzugefügte Epigraph für den ganzen Band verdeutlicht. Es hieß: *Der Weinstock erblüht / Und ich werd heute abend zwanzig.* (André Thérier)

Sicher hat Olga Obuchowa recht, die auf der ersten Achmatowa-

Konferenz davor warnte, die Dinge allzu kurzschlüssig zu sehen: «Die von Achmatowa in der ersten Person geschriebenen und mit achmatowscher Genauigkeit dargestellten Situationen, Landschaften, die jeweilige psychologische Atmosphäre erscheinen dem Leser autobiographisch; die lyrische Heldin wird in seiner Vorstellung völlig mit der Person des Autors identifiziert. Bei einer retrospektiven Analyse von Achmatowas Frühschaffen jedoch zeigt sich, wie ungenau eine solche Identifizierung ist. So begegnen uns in ‹Abend› wie auch in den folgenden Gedichtbänden die verschiedensten Versuche der Autorin, äußere und innere Gestalten ganz anderer Art als die eigenen auf sich zu beziehen.» [45] Wenn von Frische die Rede ist, so kommt sie von der Unmittelbarkeit ihrer Bilder, die meistens frei sind von Kommentaren und Reflexionen. Lapidar wird der Katalog poetischer Realien aufgeschlagen: Dinge, Orte, Blumen, Bäume, Geräusche, Lichterscheinungen sollen die Gefühle bezeugen und beim Leser neu hervorrufen oder in Erinnerung bringen. Jedes Gedicht ist wie eine kleine lyrische Novelle. Wie ein «lyrisches Tagebuch» erscheint, was in dem Band an Situationen der Liebe, psychischen Erlebnissen, Geschehensorten und Zeiten in einer Überfülle geboten wird. Die Gedichte sind in der Form meist einfach. Vorherrschend sind volksliedhafte Strophen aus vier kreuzreimverbundenen Versen, mit wenigen Enjambements und Inversionen. Es fließt alles leicht dahin, wie elegisch die Stimmung in den Texten auch sein mag.

Kurz vor Ausbruch des Ersten Weltkrieges erschien Achmatowas zweiter Gedichtband *Rosenkranz* (*Četki*) in einer Auflage von 1100 Exemplaren. Die Wahl des bekannten Kultgegenstands – im Hinduismus, Buddhismus und katholischen Christentum als oft sehr individuell gestaltete Perlen- oder Knotenschnur für stille Gebetsübungen benutzt – erscheint auf den ersten Blick überraschend, denn etwa sechzig Gedichte dieses Bandes, vorwiegend aus den Jahren 1912 und 1913, verweigern sich religiöser Thematik im traditionellen Sinn. Achmatowa setzte «ihr» Thema fort: verletzte Liebe, Trennungsschmerz, der Andere – die Andere. Die junge lyrische Heldin kennt Todessehnsucht und Todesahnung. Einige Gedichte dieses Bandes brachten den für die akmeistische Richtung charakteristischen Topos «Stadt» – nach ersten Anklängen im Band *Abend* – neu in Achmatowas Dichtung ein, in der er dann einen zentralen Platz behalten sollte. Neben St. Petersburg waren es die von ihr 1910/11 besuchten italienischen Städte Florenz und Venedig, die zunächst in ihren Versen auftauchten. Noch auffälliger als diese thematische Neuerung

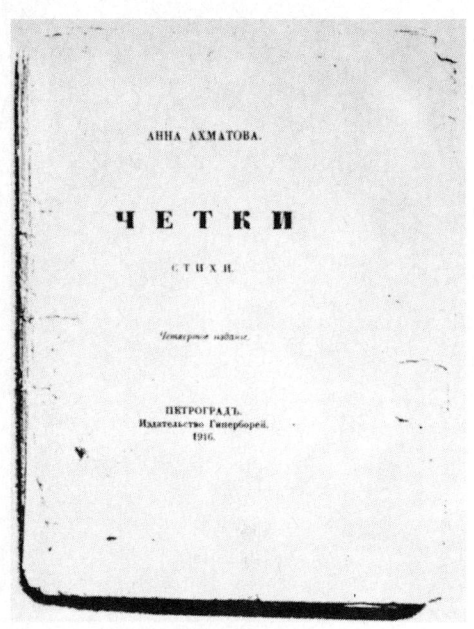

ÁННА АХМАТОВА.

ЧЕТКИ

СТИХИ.

Четвертое издание.

ПЕТРОГРАДЪ.
Издательство «Гиперборей».
1916.

Titelseite der vierten Auflage des Gedichtbands
«Rosenkranz»

waren aber Grundton und Gestus in diesem Band: Text um Text klingt
ihre lyrische Stimme fester, ja härter und hin und wieder leicht ironisch. Selbstzuspruch, Ermutigung und Befreiung von einer inneren
Last, von einem Trauma kehren als Motive in immer neuen Varia-
tionen wieder.

Ihr tatsächliches, eigenes Leben in diesen Jahren war beinahe die
einzige Quelle, aus der sie ihre lyrischen Anregungen schöpfte. Immer kraftvoller klang in ihren Versen der Selbstzuspruch auf der einen Seite, immer deutlicher aber auch die Verzagtheit, das ihr aufgebürdete Schicksal wenden zu können, auf der anderen. Gründe für
diesen inneren Aufruhr muß man in ihren komplizierten Partnerbeziehungen suchen. Dabei kam in dieser Zeit das Verhältnis zu
ihrem Ehemann Gumiljow schon kaum noch als lyrisches Motiv zum
Tragen. Es war beiden längst klargeworden, daß für sie ein übliches
«bürgerliches» Familienleben trotz ihres gemeinsamen Sohnes unmöglich war.

Bald nach dem Erscheinen der *Rosenkranz*-Gedichte zerstörte
der Erste Weltkrieg ihre Beziehung vollends. In den ersten beiden

Karikatur von Natan Altman: «Altman zeichnet Achmatowa», 1914

Kriegsjahren trafen sie sich noch gelegentlich auf dem Gut der Schwiegermutter in Slepnjowo bei Twer, wo Achmatowa mit ihrem am 1. Oktober 1912 geborenen Sohn Lew (genannt Ljowa) ein eigenes Zimmerchen bewohnte. Aber auch das hörte schließlich auf.

Jeder der beiden jungen Dichter war ein eigenwilliger, egozentrischer Charakter, von seinem künstlerischen Talent absolut überzeugt. Beim geringsten Versuch einer Bevormundung oder Kritik kam es zu heftigen gegenseitigen Reaktionen. Dazu belastete die patriarchalische Atmosphäre auf dem Gumiljow-Gut Anna Achmatowa zusätzlich. Ständig hatte sie die Vorwürfe der Schwiegermutter wegen mangelnder Sorge um ihr Kind anzuhören.

So kann man sich die gespannte Atmosphäre dieser Jahre vorstellen, die den emotionalen Hintergrund vieler Gedichte prägte. In Achmatowas erster Ehe trafen zu viele Belastungen aufeinander. Das überforderte die junge Frau psychisch. Auf dem Gut war sie eine Fremde, ein exotischer Vogel. Zu den Streitereien und Eifersuchtsszenen kam noch ihre Unfähigkeit zu allen praktischen Verrichtungen im Haushalt.

Diese Tatsache sollte man keiner moralisierenden Bewertung unterziehen. Wesentlich ist eher, daß man deren künstlerisch-produktive Verarbeitung und Sublimierung bei beiden Dichtern ins Zentrum des Interesses stellt. Anna Achmatowa hat Nikolaj Gumiljow als Künstler hochgeschätzt und später gegen Verunglimpfungen zu verteidigen gewußt. Das vertrug sich durchaus mit ihrer Kritik an seinem

Abenteuer- und Reisewahn, an seiner Befangenheit im Kriegsmythos und im Exotischen.

Um das Jahr 1913 rückten andere Persönlichkeiten des literarischen Lebens von Petersburg ins Zentrum von Achmatowas Interesse. Eine besondere Rolle unter diesen sollte Nikolaj Nedobrowo (1884–1919) spielen. Er gehörte als Lyriker und Publizist in Petersburg zum engsten Kreis der Dichterin. Sie war mit seinen Bewertungen ihrer Dichtung sehr einverstanden. In einer ersten gründlichen Arbeit über ihr Werk war er zu anderen, tieferlotenden Einschätzungen als seine Zeitgenossen gekommen. Später sagte Achmatowa einmal, in Aufzeichnungen von 1963, daß Nedobrowo der einzige war, der ihr Wesen richtig erkannt habe. Nach Kenntnis ihres *Rosenkranz*-Bandes, zu dem er ein Vorwort geschrieben hatte, verfaßte er einen längeren Essay. Die wichtigste darin enthaltene Aussage war, daß er in ihrer Dichtung eine starke Kraft und Härte, ja geradezu Grausamkeit auszumachen glaubte. Die in Liebeslyrik von Frauen übliche Weinerlichkeit sei der Achmatowa fremd. Nedobrowos Feststellung bleibt bis heute eine treffende, ins Wesen zielende Merkmalsbestimmung. Wichtig ist auch seine – später von der offiziellen

Nikolaj Nedobrowo

sowjetischen Kulturpolitik heftig bestrittene – Feststellung, daß die Achmatowa besondere Beachtung verdiene, weil sie in vielem den Geist der neuen, jungen Generation Rußlands zum Ausdruck bringe und ihr Werk von dieser Generation geliebt werde. Nedobrowo hat in Achmatowas Dichtung durch mehrere Widmungsgedichte einen wichtigen Platz erhalten. Sie hat in dem schwer erkrankten Freund auch einen Leidensgenossen gesehen. Er starb 1919 mit dreiunddreißig Jahren an offener Tuberkulose.

Zu den besonders wichtigen Zeitgenossen für Achmatowa gehörte ferner der Petersburger Lyriker und Übersetzer Michail Losinskij[46] (1886–1955). Achmatowa war mit ihm in der «Dichterzunft» 1911 bekanntgeworden. Im *Rosenkranz*-Band, dessen Redakteur er als Sekretär der Zeitschrift «Apollon» war, findet man das folgende Widmungsgedicht:

Er dauert ohne Ende – der schwere Bernsteintag!
Unmöglich jetzt die Trauer, und nutzlos jetzt das Warten!
Und wieder spricht mit Silberstimme der Hirsch
Vom Nordlicht – in der Tierschau.
Ich glaubte, es gibt den kühlen Schnee für die
Und den Taufstein, die bettelarm und krank sind
Und diese ungewisse Fahrt der kleinen Schlitten
Im Gedröhn der fernen alten Glockentürme.[47]
(ohne Titel, 1912; Übersetzung: Wolfgang Hässner)

Zusammenhänge mit realen Geschehnissen sind in diesem Text schwer auszumachen. Er fasziniert im Russischen durch seine s- und z-Klangbrücken. Er ist geheimnisvoll, vermittelt zugleich, wie eine geschichtliche Dimension in Achmatowas Dichtung kommt, hier getragen vom Topos der russischen Glockentürme.

Losinskij, dem genialen Übersetzer von Dantes «Göttlicher Komödie» und einiger Shakespeare-Tragödien («Macbeth», «Hamlet»), widmete Anna Achmatowa 1965 auch einen kleinen Essay anläßlich seines zehnten Todestages: *In der schweren und verdienstvollen Kunst des Übersetzens war Losinski für das 20. Jahrhundert das, was Shukowski fürs 19. Jahrhundert war. Freunden war Michail Losinski sein Leben lang unendlich verbunden. Immer und in allem war er bereit, Menschen zu helfen, Treue war sein wichtigster Charakterzug. Als der Akmeismus geboren und Michail L. uns besonders nahe war, wollte er sich dennoch nicht vom Symbolismus trennen. Er*

Michail Losinskij

wurde Redakteur unserer Zeitschrift «Hyperboreus» und eines der wichtigsten Mitglieder der «Dichterzunft» – und unser aller Freund.[48]

In der *Rosenkranz*-Sammlung gibt es noch weitere Widmungsge-dichte für verschiedene Petersburger Künstler wie Boris Anrep, Olga Glebowa-Sudejkina, Walerija Sresnewskaja. Auf Zusammenhänge mit Achmatowas Leben und Schaffen kommen wir an späterer Stelle zurück.

Das folgende, Gumiljow gewidmete Gedicht zeigt etwas von der Grundstimmung des ganzen Bandes:

> *Im Ranzen war'n die Bücher und Lineale,*
> *Ich kehrte aus der Schule heim.*
> *Die Linden haben sicher nicht vergessen*
> *Unsern Treff, mein fröhlicher Junge.*
> *Nun hat sich's graue Schwänlein*
> *Zum stolzen Schwan gewandelt.*
> *Auf mein Leben hat sich für immer*
> *Die Trauer gelegt. Die Stimme ist tonlos.*[49]

(ohne Titel, 1912; Übertragung: Wolfgang Hässner)

Die *Rosenkranz*-Gedichte haben die Achmatowa in Rußland endgültig berühmt gemacht und gehören heute zum bleibenden Schatz, den russische Lyrik in die Weltliteratur eingebracht hat. Es sind meistens leidenschaftliche Offenbarungen, oft Gebeten gleich in ihrem heilig-ernsten und eindringlichen Ton. Die nuancenreiche Palette an Emotionen und Gedanken, die diese Texte vermitteln, zeigt in ihrer Vielfarbigkeit zugleich auch eine erstaunliche innere Ausgewogenheit, Achmatowas Vermögen, Leiden und Widerstehen, Selbstaufgabe und Selbstbehauptung in ihrer Dialektik zu erfassen. Wie die folgenden drei Strophen eines ihrer bekanntesten frühen Gedichte zeigen, gelingt ihr das nicht selten in einem einzigen Text.

Wir werden nicht aus einem Glase trinken,
Nicht Wasser trinken wir, nicht süßen Wein,
Wir werden morgens nicht im Kuß versinken
Und abends nicht am Fenster schauend sein.
Dich muß die Sonne, mich der Mond bescheinen,
Und doch weiß eine Liebe uns zu einen.

Mit mir ist stets mein Freund, der gut und treu,
Mit dir der Freundin Ausgelassenheiten.
Doch versteh der Augen Angst und Scheu,
Und du hast alle Schuld an meinem Leiden.
Wir wollen uns nicht häufig sehn – wozu?
Wir sollen sie bewahren, unsre Ruh.

Nur deine Stimme zieht durch mein Gedicht,
Durch deine Verse wird mein Atem wehen.
Ein Feuer gibt's, zu dem wagt nicht zu gehen
Die Angst, gesellt sich das Vergessen nicht.
O wenn du wüßtest, wie sie mich entzücken,
Wenn rosarot und trocken deine Lippen![50]
(ohne Titel, 1913; Nachdichtung: Kay Borowsky)

Die polnische Achmatowa-Forscherin Jadwiga Szymak-Reifer schreibt: «Bei Achmatowa ist die Frau nicht mehr die edle Dame, sondern die geheimnisvolle, die sündige Unbekannte.»[51] Gumiljow wußte am besten, daß Achmatowa mehr und mehr davon überzeugt war, für alle liebenden Frauen zu fühlen und zu schreiben, mit dem Geheimnisvollen der Liebe umzugehen. Gemeint waren in den

Rosenkranz-Texten, trotz der Rückgriffe auf orthodox-religiöse Bilder und Vokabeln, keine mystisch-dunklen Geheimnisse der Liebe, sondern die Dimensionen der irdischen Liebe, deren Höhen und Tiefen sie selbst erfahren hatte. In ihrer eigenen Liebe glaubte sie die der anderen Frauen aufgehoben und sich berufen zur poetischen Artikulation. So erscheint in diesen Gedichten Liebe in ihren unerschöpflichen, geheimnisvollen Bewegungen, Wendungen oder als Zustand in je neuem poetischen Glanz, in neuer, so nie dagewesener Welt der Gefühle, in unabgenutzter Sprache. Diese entzog sich allerdings jeglicher thematisch-pragmatischer Enge, etwa weiblicher «Lebenshilfe» oder aggressiv-feministischer Töne. Die Anziehungskraft ihrer Verse auf Leserinnen und Leser rührte vom Ausdruck des Menschlichen in ihrem Sprechen her.

Dieser zweite Gedichtband Achmatowas war von ihr einem Zeitgenossen Puschkins gewidmet worden, Jewgenij Baratynskij[52] (1800–1840), dessen elegischer Grundstimmung und psychologischer Genauigkeit sich die junge Dichterin verpflichtet fühlte. Ihr Epigraph lautete: «Verzeih für immer! Doch wisse / Zwei Schuldige, / Nicht nur den einen, findest du / In meinen Versen und Sendschreiben / Der Liebe.» (Baratynskij)

Der *Rosenkranz*-Band erschien im Frühjahr 1914 in Petersburg, kurz vor Ausbruch des Ersten Weltkrieges, den Achmatowa wie viele ihrer Zeitgenossen in Europa als drohendes Unheil und Ende aller Tradition und Kultur nahen sah. Auch davon kündete diese Gedichtsammlung.

Gumiljow meldete sich, seinem Kriegs- und Männlichkeitskult folgend, sofort nach Rußlands Kriegserklärung als Freiwilliger. Er kam ins Ulanen-Regiment der Leibgarde des Zaren und wurde zur Ausbildung ins nahegelegene Nowgorod[53] geschickt. Zu dieser Zeit war seine romantische Begeisterung für den Krieg als männlich-patriotische Bewährungsprobe noch ungebrochen. Seine «Aufzeichnungen eines Kavalleristen» (1915/16) bezeugen das. In Nowgorod hat er sich noch einige Male mit seiner Frau getroffen. Anna Achmatowa reiste mit ihrem zweijährigen Sohn für eine Zeit dorthin, die Spannungen zwischen den Eheleuten wurden aber damit nicht gemindert.

In mehreren biographischen Notizen über Gumiljow finden sich übereinstimmend Aussagen, daß er bei seinen Fronteinsätzen in den ersten beiden Kriegsjahren durch große Tapferkeit auffiel, wofür ihm zweimal die höchste militärische Auszeichnung Rußlands, das

Anna Achmatowa mit Nikolaj Gumiljow
und ihrem gemeinsamen Sohn Lew, 1915

Georgskreuz, verliehen wurde. Im weiteren Kriegsverlauf rissen die
Kontakte Achmatowas zu ihm schließlich ganz ab. Gumiljow wurde
entgegen seinem drängenden Ersuchen nicht an die Front nach
Griechenland versetzt, er hatte in Paris zu bleiben, wo er Adjutan-
tendienste beim Militärvertreter der Kerenskij-Regierung leistete.
Ein Jahr später wiederholte sich ähnliches: Ein gewünschter Einsatz
an der Nahostfront kam nicht zustande, statt dessen mußte er 1918
auf abenteuerliche Weise über London und Murmansk nach Petrograd zurückkehren, wie Petersburg unterdessen in russifizierter Fassung genannt wurde.

Achmatowa verbrachte die meiste Zeit des Krieges, auch die Monate der beiden russischen Revolutionen vom Februar und Oktober
1917, auf dem Gut der Gumiljows in Slepnjowo. Dort entstanden zwischen Sommer 1914 und Frühjahr 1917 die meisten Gedichte ihres
nächsten Sammelbandes *Der weiße Schwarm* (*Belaja staja*), der im
Verlag der Zunft wenige Wochen vor der Oktoberrevolution erschien.[54] Das war auf lange Zeit ihre letzte und wichtigste künstlerische Leistung, und es war wie ein böses Schicksal, daß ausgerechnet
dieser Band den chaotischen Verhältnissen der Revolutionszeit zum
Opfer fiel. Er wurde nur in wenigen Exemplaren, vorwiegend unter

Achmatowas Freunden und Bekannten, verbreitet. Rußlands gesellschaftliches Leben versank 1917 im Chaos der revolutionären Wirren und Machtkämpfe. Hungerrevolten und Meutereien hatten die militärische Disziplin völlig zersetzt. Wirtschaft und Verkehr waren weitgehend zusammengebrochen. Der zaristische Staatsapparat löste sich auf. Unter diesen Umständen waren Nachrichten aus dem literarischen Leben wohl mit das Entbehrlichste, was man sich hätte vorstellen können.

Für die Achmatowa hatte die Nichtverbreitung ihres jüngsten Werkes tragische Folgen. Die Unkenntnis über die neuesten Entwicklungen ihres Schaffens sogar in literarischen Fachkreisen erleichterte es der Kulturpolitik der Kommunistischen Partei ab Mitte der zwanziger Jahre, ihr Werk fast unwidersprochen zu verleumden. Wer hätte ohne Werkkenntnis die Lüge vom Erlöschen der schöpferischen Kräfte der Achmatowa widerlegen können? Wie hätte jemand den vernichtenden Vorwurf entkräften können, Achmatowas Dichtung erschöpfe sich in banaler Gefühlsduselei im Stil kleinbürgerlicher Kammerlyrik und sei für die neue revolutionäre Zeit entbehrlich oder gar schädlich?

Das Haus der Gumiljows in Slepnjowo

Heute ist nicht schwer zu erkennen, daß sich mit den Gedichten im *Weißen Schwarm* Achmatowas künstlerisches Blickfeld nach mehreren Richtungen hin erweitert hatte. Eine werkgerechte Betrachtung, wie sich dieser Prozeß thematisch und formästhetisch vollzogen hat, ist nun möglich und wichtig, ebenso wie eine Analyse, aus welchen Motiven ihre Dichtung von der offiziellen Kulturpolitik weitgehend und fast bis an ihr Lebensende geächtet worden ist. Achmatowas Gewinn an künstlerischer Sicht, an philosophischer und historischer Tiefe ihrer Gedichte führte nicht wie bei anderen Schriftstellern und Dichtern der Revolutionszeit zum Umbruch ihres Schaffens und, verbunden damit, zum eigenen Verwerfen des bis zur Revolutionszeit Geleisteten. Ihr Werk kennt nur Übergänge, allmähliche Entwicklungen zwischen den verschiedenen Gedichtsammlungen. Für die meisten Kulturpolitiker der Kommunistischen Partei war Achmatowas Insistieren auf Kontinuität zwischen vorrevolutionärem und nachrevolutionärem Schaffen unvereinbar mit dem marxistischen Dogma vom Umsturz aller materiellen und geistigen Verhältnisse und Werte in der proletarischen Revolution.

Die Dichterin wollte und konnte nicht mit vordergründigen Bekenntnissen zur Oktoberrevolution und der neuen bolschewistischen Partei aufwarten. Demonstratives politisches Parteiergreifen widerstrebte ihrem Charakter und ihrem Kunstbegriff. Sie sah keine Veranlassung, sich politisch anzubiedern. Politik war im übrigen für ihr Verständnis eine Dimension, die mit Kunst wenig zu tun hatte. Zu betonen ist, daß Anna Achmatowa selbst bis Mitte der zwanziger Jahre weder negative noch positive Erfahrungen mit Politik und Macht sammeln konnte.

Um Mißverständnissen zuvorzukommen, folgen einige Überlegungen zum Titelbild vom *Weißen Schwarm*, das nichts mit der damals geläufigen politischen Metapher ‹weiß› gleich konterrevolutionär zu tun hatte. Ein Gedicht von 1914 liefert einen ersten Zugang zu der bei Achmatowa mehrfach benutzten Farbmetapher ‹weiß›: *Alles gehört dir: mein tägliches Beten / Die betäubende Glut meiner Schlaflosigkeit / Und meiner Verse weißer Schwarm / Das blaue Feuer meiner Augen.*[55] (ohne Titel; Übersetzung: Wolfgang Hässner) Ein anderer Text aus demselben Jahr: *Eifersüchtig war er, besorgt und zärtlich / Wie Gottes Sonne liebte er mich / Doch daß er von früher aufhöre zu singen / Erschlug er meinen weißen Vogel.*[56] (ohne Titel; Übersetzung: Wolfgang Hässner) In einem späteren Text formulierte sie: *Wie ein weißer Stein in des Brunnens Tiefe / Liegt die Erinnerung in mir.*[57] (ohne Titel, 1916;

Übersetzung: Wolfgang Hässner) Achmatowa gründet ihre Bildsprache auf jahrhundertealte farbästhetische Konventionen, erweitert zugleich diesen Rahmen, indem sie ihn mit der widersprüchlichen, differenzierten Gefühlswelt des beginnenden zwanzigsten Jahrhunderts ausfüllt. Weiß ist so bei ihr zum einen generelle Metapher für das Poetische, Schöne, zugleich für das Flüchtige, Vergängliche des Glücks, das ihm schicksalhaft folgt, für Verlorenes, für die unstillbare Sehnsucht. Ihre Bilder entfernen sich sehr selten von der realen, gegenständlichen Welt. Sie bleiben im akmeistischen Sinne faßbar.

In Verbindung mit «Schwarm» wird das Rahmenthema ihrer dritten Gedichtsammlung sehr deutlich: Die einzelnen Gedichte widerspiegeln, einer Äußerung von Achmatowa zufolge, selbst einen Zug weißer Vögel am Himmel oder eine Herde weißer Tiere, die dahintreibt in ewiger innerer Bewegung. «Staja» bedeutet im Russischen Schwarm, Herde, Zug, Rudel und andere Tiergemeinschaften. In den annähernd hundert Texten der Sammlung finden sich Bedeutungen wie Sehnsucht nach Wärme, Geborgenheit, Gemeinschaft, auch das Verlangen nach Schwung, Ungebundenheit, Leichtigkeit, Freiheit. Zusammen mit dem biographischen Hintergrund der Dichterin und den verwirrenden Zeitereignissen in Rußland und Europa erlauben diese Gedichte dem Leser bis heute, eine reiche Welt eigener Assoziationen aufzubauen.

In der Sammlung dominiert nicht allein die Erinnerung an eine verlorene Liebe; das lyrische Ich versucht, mit den Belastungen der Vergangenheit zurechtzukommen durch Verdrängung, durch Selbstbezichtigung und Reue, es ringt um Selbstbeherrschung: *Noch gestern verliebt / Bat er: Vergiß mich nie! / Heute nur noch die Winde / Und der Hirten Schreien / Rauschende Zedern / Reine Quellen.*[58] (Trennung, 1914; Übersetzung: Wolfgang Hässner). In schwungvollen Distichen wünscht es: *Besser wär mir's, Tschastuschkis zu grölen / Für dich, die heisre Harmonika zu spielen / Und: im Fortgehn zur Nacht im Hafer / Das Schleifenband aus dem Zopf zu verlieren / Besser mir, dein Kindchen zu wiegen / Und für dich, 'nen Halbrubel Trinkgeld / Und auf den Friedhof zu gehn am Gedenktag / Und den Gottesflieder zu sehn, weiß.*[59] (ohne Titel, 1914; Übersetzung: Wolfgang Hässner) Oder unter dem Schrei eines am Herbsthimmel dahinziehenden Kranichschwarmes heißt es: *Komm, Zeit ist's zu fliegen, s'ist Zeit.*[60] (ohne Titel, 1915; Übersetzung: Wolfgang Hässner)

Im ernsten Dialog mit dem mütterlichen Gewissen bezichtigt sich das lyrische Ich der Unwürdigkeit, eine Mutter zu sein:

Wo, Schlanke du, ist dein Zigeunerkind,
Das geweint hat im schwarzen Tuch?
Wo ist es, dein erstes kleines Kind?
Was weißt du von ihm denn noch?

Das Los einer Mutter – die reinste Plage,
Ich war ihrer niemals würdig.
Das Himmelreich öffnete seine Pforte,
Mein Söhnchen nahm Magdalena mit.

Alle Tage hier warn fröhlich und schön,
Hab mich im langen Frühling verlorn.
Nun suchen die Arme immer die Last,
Nun hör ich sein Schluchzen im Traum.

Matt wird mein Herz mir – und ist erregt,
Und nichts weiß ich von ihm dann mehr.
Ich irr durch die finsteren Zimmer,
Suche – sein Bettchen ist leer.[61]
(ohne Titel, 1914; Übersetzung: Wolfgang Hässner)

Auf die ihr eigene Art knüpft Achmatowa in *Weißer Schwarm* ein Band zur Geschichte. Einige historisch bedeutsame russische Städte werden Gegenstand poetischer Auseinandersetzung. Charakteristisch dafür ist zum Beispiel der Text *Kiew*[62]. Als die Dichterin diese einstige Hauptstadt des ersten russischen Staatswesens, die «Mutter der russischen Städte»[63], wie verlassen und ausgestorben sieht, formuliert sie: *Hier end' ich meinen opferreichen, ruhmvollen Weg, / Und mit mir bist du nur, mir gleich, / Und meine Liebe.*[64] (Kiew, 1914; Übersetzung: Wolfgang Hässner)

Noch intensiver kommt St. Petersburg[65] ins Blickfeld. Es ist ihr eigener Schicksalsort, und es ist seit den Zeiten Peters I. der geschichtliche Ort des modernen Rußland: *Hier trafen wir das letzte Mal zusammen / Am Newaufer, wo wir immer waren / Hochwasser führte sie / In Angst vor Überschwemmung lag die Stadt. / Er redete vom Sommer und davon / Daß eine Frau ein Unding sei als Dichter. / Da dachte ich zum Zarenschloß hinüber / Und zur Festung Peter-Paul.*[66] (ohne Titel, Januar 1914; Übersetzung: Wolfgang Hässner)

Damit sind Assoziationen an die Dekabristenerschießungen[67] und Verbannungen aufgerufen, auch an Repressionen gegen Dostojewskij, Puschkin, Lermontow und andere russische Dichter.

St. Petersburg: Newa-Kai mit Blick auf die Stadt, links die Isaaks-Kathedrale, um 1900

Wenige Tage vor Ausbruch des Ersten Weltkrieges hatte Achmatowa das Gedicht *Juli 1914* geschrieben, das ihren auf Geschichte und Geschicke des Landes hin erweiterten Blick deutlich zeigt.

I.
Welch ein Brandgeruch schon seit vier Wochen
überm Moor, wo der Torf brennt, sich hebt.
Selbst der Vögel Gesang klingt gebrochen,
und kein Blatt an der Espe erbebt.

Und zur Plage des Herrn ward die Sonne –
nicht ein Tropfen bei Tag und bei Nacht.
Und vorbei ist ein Krüppel gekommen,
und im Hofe hat jemand gesagt:

«Weh, es nahen schreckliche Tage:
Frische Gräben – sie drängen sich dicht.
Es kommt Erdbeben, Hungersnot, Plage
und Verdunklung vom himmlischen Licht.

Nur: Um unsere Länder sich streiten
wird der Feind nicht; uns trifft nicht sein Fluch.
Über endlose Trauer wird breiten
die Madonna ihr schneeweißes Tuch.»

II.

Des Wacholders Duft tragen Winde
aus dem brennenden Wald herbei.
Die Soldatenfraun stöhnen um Kinder;
durch das Dorf tönt der Witwen Schrei.

Da das Land sich um Regen verzehrte,
nicht umsonst man den Himmel drum bat.
Warm fiel purpurnes Naß auf die Erde,
die das Heer der Feinde zertrat.

Leerer Himmel sinkt tief nach unten;
des Betenden Schrei klingt von weit:
«Deinen heiligen Leib sie verwunden,
Sie würfeln um Dein Gewand.» [68]
(entstanden in Slepnjowo, 20. Juli 1914;
Übersetzung: Wolfgang Hässner)

Achmatowas lyrisches Sprechen hatte angesichts der dramatischen Erschütterungen durch den Krieg eine neue Dimension angenommen. Sie fühlte sich berufen, aus der Gemeinschaft Betroffener und Bedrohter heraus zu empfinden und zu sprechen. Sie betrachtete sich zu dieser Zeit trotz Kriegschaos als dem *Schwarm* zugehörig. Was ihr in diesem Gedicht mit Bildern erschütternder Prophetie gelungen war, glich einem Kassandraruf und Orakelspruch zugleich. Die zaristische Zensur verstand den Text sofort als Politikum und ließ ihn durch Streichungen verstümmeln und entschärfen. In ihrem Gedicht *Gedenken an den 19. Juli 1914* wurde ihr neues Sprechen zum «kollektiven» lyrischen Wir. Aber Übergänge vom Ich zum Wir sind durchaus noch zu erkennen:

Um hundert Jahre wurden wir schon älter, / indes in einer Stunde dies geschah: / Rauch hob sich über aufgepflügte Felder: / schon war des kurzen Sommers Ende nah. / Und auf dem stillen Weg lag bunter Schimmer, / und Klage tönte silbern übers Land, / und tief verhüllt

erflehte ich vom Himmel / zu sterben, eh' die erste Schlacht ent-
brannt.[69] (ohne Titel, 1916; Übersetzung: Wolfgang Hässner)

Dieser Übergang oder Wechsel zwischen Wir und Ich ist bei Achmatowa sehr selten und Ausdruck einer prinzipiellen Überzeugung: sie
hielt nichts davon, das lyrische Subjekt als Ich in kollektivem Sprechen aufgehen zu lassen, gewissermaßen als in einer höheren Form
lyrischer Äußerung. Welche Gründe auch immer eine solche Sprech-
weise in der Literatur gerechtfertigt haben mögen, Achmatowa fand
sie zu anonym. Ohne ein lyrisches Ich zu offenbaren, wäre für sie der
Dichter nicht denkbar gewesen.

Die beiden folgenden Texte zeigen, daß *Schwarm* im Sinne des geschichtlichen Orts Rußland auch Achmatowas geistig-emotionale
Verwurzelung in orthodox-religiösen Traditionen bedeutete. Hier
kommen diese Traditionen in Lexik und Gestus als Gebet, als Klage,
als Selbsterniedrigung und als Psychologie des Leidens zur Geltung:

Gebet

Gib mir bittere Jahre des Leidens,
Ersticken, Schlaflosigkeit, Fieber!
Nimm mir mein Kind, den Freund!
Nimm mein geheimes Talent des Gesangs!
So bet ich Deine Liturgie
Nach all den qualvollen Tagen,
Daß überm dunklen Rußland die Wolke
Sich wandel in Helle und Glanz.[70]
(1915; Nachdichtung: Wolfgang Hässner)

Meinten wir doch: Wir sind Bettler und haben rein nichts,
Aber als man dann eins nach dem andern verlor,
So daß jeglicher Tag geriet
Zum Erinnerungstag,
Hob man zu dichten an
Von der schenkenden Großmut Gottes
und von unserem früheren Reichtum.[71]
(ohne Titel, 1915; Nachdichtung: Rolf-Dietrich Keil)

«Anno Domini» –
«Nicht mit denen bin ich ...»

Bis zum Erscheinen von Achmatowas nächstem Gedichtband sollten über vier Jahre vergehen. Gründe für diese lange Unterbrechung gab es genügend, gesellschaftliche und persönliche. Mit der Oktoberrevolution und dem Sturz des Zarismus veränderten sich die sozialen, politischen und existentiellen Bedingungen auch für die russischen Schriftsteller und Künstler, wenngleich nicht mit einem Schlag, denn in den ersten Jahren nach der Revolution standen sie nicht im Zentrum des gesellschaftlichen Interesses. Zunächst erschütterte ein erbittert geführter, jahrelanger Bürgerkrieg[72] das Riesenreich Rußland bis ins Mark und bis in seine fernsten Regionen. In ihn griffen viele europäische Staaten und die USA militärisch ein, um die gestürzten Kräfte zu retten, vor allem aber auch, um eine vermeintlich leichte Beute aufzuteilen. Für die Bolschewiki um Lenin ging es um die Sicherung der Macht, und diese war im politisch-ideologischen Konzept der Weltrevolution unter Führung Rußlands untrennbar an die Erhaltung der territorialen Integrität des ehemaligen zaristischen Imperiums gebunden. Im Laufe weniger Jahre kam es zu einer radikalen geistigen und sozialen Polarisierung der Gesellschaft, wie sie Rußland bisher unbekannt gewesen war. Für viele russische Schriftsteller wurde diese Situation bald unerträglich – sie wurden in die Emigration getrieben[73], zumal ideologische Ausgrenzung und Diffamierungen mit der sich vertiefenden Polarisierung immer deutlicher um sich griffen. Den in Sowjetrußland verbliebenen Schriftstellern stand ein ungleich schwererer künstlerischer und persönlicher Weg bevor, ohne mit dieser Aussage die unsäglichen Probleme der emigrierten Schriftsteller verkleinern zu wollen.

In der sich schnell ausgestaltenden und konsolidierenden Diktatur der Bolschewiki versuchten viele der im Lande verbliebenen Schriftsteller – solange es möglich war, offen und ehrlich –, das von ihnen erwartete neue, revolutionäre Zeit- und Gesellschaftsverständnis für

Revolution in Rußland, Oktober 1917: Sturm auf den Winterpalast

sich zu finden und künstlerisch darüber Zeugnis abzulegen. Eine vertiefte historisch-kritische Sicht auf die dabei zustande gekommenen Leistungen ist aber mangels wichtiger, wahrscheinlich nicht mehr erschließbarer Quellen zu Schaffensprozessen und Zensurpraktiken sehr schwer und auf allgemeine Schlüsse angewiesen. Auf Zeugnisse über erzwungene künstlerische Kompromisse oder aus Vorsicht und Opportunismus eingegangene Werkveränderungen ist kaum zu hoffen. Angesichts der lebensgefährlichen Verfolgungen seit den dreißiger Jahren wurden solche Zeugnisse, wie es auch für Anna Achmatowa gilt, von den Autoren vernichtet.

Anna Achmatowa ist in Sowjetrußland geblieben, aber ihre künstlerischen wie persönlichen Entscheidungen lassen sich keiner Typologie wirklich zuordnen. Wohl gibt es zeitweise Kompromisse in künstlerischen Entscheidungen, über die im folgenden zu reden sein wird, aber von einem Ansinnen, sich dem politisch-ideologischen Gesellschaftskonzept der bolschewistischen Führungspartei anzunähern, kann bei ihr zu keiner Zeit die Rede sein.

...ußte nach der Revolution zunächst eine längst
...tscheidung treffen. Das Zusammenleben mit
...1918 nach Rußland zurückgekommen war, er-
...sinnlos, mehr noch, es lähmte ihre schöpferi-
...rsprach ihrem Selbstwertgefühl. *Ich brauch*
...hatte sie sich schon einige Zeit vorher versi-
...*Mann zur Geliebten begleiten / Und danach leg*
...*mein müdes Kind zu Bett.*[74]

Gumiljow hatte während der Kriegsjahre erneut seine innere Ruhelosigkeit, sein Getriebensein ohne ein bestimmbares Ziel unter
Beweis gestellt. Er war, wie die Achmatowa selbst, ungeeignet für ein
übliches Familienleben. So beantragte die dreißigjährige Achmatowa im August 1918 die Scheidung. Nach der Revolution war das in
Rußland nur eine kurze und formale Prozedur. Man erklärte seine
persönliche Entscheidung vor einer Behörde, und die Angelegenheit
war mit einer Eintragung im Ausweis erledigt.[75]

Anna Achmatowa heiratete sehr bald wieder, aber auch diese Ehe
zerbrach nach kurzer Zeit. Ihr zweiter Mann, Wladimir Schilejko
(1891–1930), stammte aus Achmatowas literarischem Freundeskreis
der «Dichterzunft», wo er sich mit Gedichten versucht hatte. Das

Wladimir Schilejko, der zweite Ehemann Anna Achmatowas.
Bleistiftzeichnung, 1922

war aber schon lange her, unterdessen hatte er seine eigentliche Berufung gefunden: er war Ende Zwanzig und galt bereits als hervorragender Assyrologe, beherrschte zudem mehrere orientalische Sprachen, was die Achmatowa besonders an ihm interessiert haben mag. Zum Zeitpunkt dieser Eheschließung stand er vor seiner Berufung zum Professor, die 1919 an die Petersburger Universität erfolgte. Aber Schilejko war nicht mehr geeignet für Ehe und Familie als Gumiljow. Der russische Achmatowa-Biograph Dmitrij Chrenkow schrieb dazu: «Da haben zwei die Ehe geschlossen, die völlig unfähig für die irdischen Dinge des Lebens waren. In ihrem Hause fand man schwerlich eine Gabel oder eine heile Tasse, ganz zu schweigen von irgendwelchen Lebensmitteln.» [76]

Zum Glück wohnten sie in dieser Zeit des Mangels und chaotischer Versorgungsverhältnisse in einer Art Wohnheim, eingerichtet für Angehörige der Akademie der Wissenschaften. Einige weitschauende Persönlichkeiten unter den neuen Herrschenden wie Maxim Gorkij [77], Anatolij Lunatscharskij [78] oder die Schriftstellerin Larissa Reisner [79] bemühten sich in der allgemeinen Not, nicht selten auch gegen Tendenzen des Proletkults [80] und der Intelligenzfeindlichkeit, wenigstens die notdürftigsten Lebensbedingungen für die Intellektuellen zu sichern. Wer nicht in einer derartigen Einrichtung unterkam, stand oft mit leeren Händen und ohne Dach über dem Kopf da. Anna Achmatowa arbeitete ein paar Monate als Bibliothekshelferin im Agronomischen Institut der Akademie und hatte damit das Recht auf eine Lebensmittelkarte. Daß sie und ihr Mann, wie die meisten Künstler und Wissenschaftler, unter erbärmlichen materiellen Bedingungen leben mußten, war für sie nebensächlich. Sie arbeiteten wie besessen, jeder seinen eigenen Interessen und Vorhaben folgend.

Für Achmatowa gab es bald eine böse Überraschung: Schilejko erwies sich als eifersüchtiger Ehemann, der ihr das Schreiben zu untersagen versuchte. Die Motive dafür bleiben im dunkeln. Offensichtlich hielt er von Achmatowas Kunst oder überhaupt von Lyrik nicht viel. Es folgten immer häufiger kleinliche Auseinandersetzungen zwischen ihnen. Einmal hatte Schilejko ihr den Spitznamen «Akuma» (böser Geist) gegeben, den Achmatowa nicht unpassend fand und in ihrer Vorliebe für Selbstironie später gern benutzte.

Schon 1921 wurde diese zweite Ehe ohne Aufhebens beendet.

Was Achmatowa in den ersten nachrevolutionären Jahren an Gedichten geschrieben hatte und zur Veröffentlichung freigab, findet sich in zwei Bändchen des Jahres 1921. Der eine erschien mit dem Titel *Wegerich (Podorožnik)*[81] im Verlagshaus «Petropolis», das bis zu seiner Enteignung (1922) auch Werke von Gumiljow, Mandelstam und Kusmin herausbrachte. *Wegerich* hatte nur eine Auflage von tausend Exemplaren und umfaßte achtunddreißig Texte. In unserer Monographie wird auf ihn nicht gesondert eingegangen, weil er unverändert in Achmatowas zweiten Gedichtband von 1921 *Anno Domini MCMXXI* (später nur noch *Anno Domini*) aufgenommen worden ist. *Anno Domini*, die erste große nachrevolutionäre Gedichtsammlung der Autorin, ist für das Verständnis von Achmatowas Positionen zu den Umwälzungen in Rußland besonders aufschlußreich. Sie enthielt außer den wiederabgedruckten *Wegerich*-Texten (1917–1920) vor allem ihre neuesten Arbeiten von 1921 sowie einen dritten Teil *Stimme des Gedächtnisses (Golos pamjati)* mit einer Auswahl früherer Gedichte. Diese Anlage des Bandes legt den Schluß nahe, daß Achmatowa in ihm eine gültige Repräsentation ihres gesamten bisherigen Schaffens sehen wollte.

Es erscheint nicht abwegig, daß sie 1921 noch auf neue Wirkungsmöglichkeiten für ihre Kunst hoffte oder gar ein patriotisch-staatsbürgerliches Engagement im Rahmen der neuen Verhältnisse für denkbar hielt. Dafür spricht, daß bis zu dieser Zeit die Künste in Sowjetrußland relativ günstige Bedingungen hatten und sich eine Art Polyphonie aus unterschiedlichsten, durchaus streitbar zueinander stehenden traditionellen, experimentellen und avantgardistischen Schulen und Richtungen herauszubilden begann, noch unreglementiert durch Parteidirektiven. Aus Dokumenten der ersten nachrevolutionären Jahre wird Achmatowas öffentliches Engagement sichtbar. Verschiedene Verbände organisierten in Petersburger Theatern und Konzertsälen regelmäßig Schriftstellerabende. Am 29. Dezember 1919 trat Achmatowa zum Beispiel mit dem berühmten Alexander Blok, mit Gumiljow sowie anderen ehemaligen Dichterkollegen der «Zunft» auf. Was sie dort gelesen hat, ist leider nicht überliefert, dafür aber, daß dieser Abend Petrograder Poeten in einem geheizten Saal stattfand, der Eintritt sozial gestaffelt und gering war, vor allem aber, daß sehr viele Zuhörer gekommen waren und der Achmatowa applaudierten. Anna Achmatowa war ins Petersburger Kulturleben integriert und konnte sich zu dieser Zeit vor Auftrittsverpflichtungen nicht retten. Nie vorher hatte sie die Wirkung

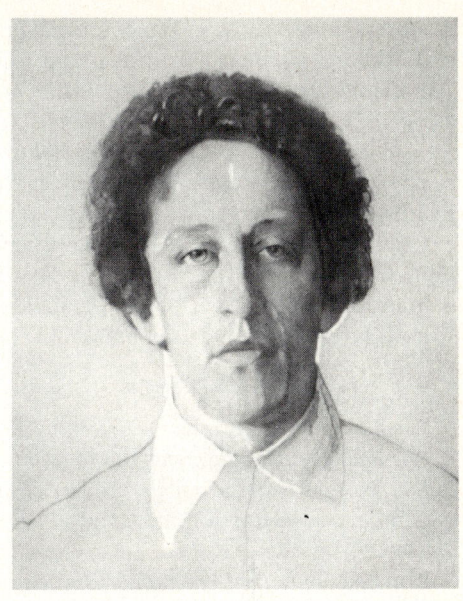

Alexander Blok

ihrer Gedichte so unmittelbar erleben können wie in diesen ersten Jahren nach der Revolution.

Kurze Zeit genoß die Achmatowa sogar bei einigen maßgeblichen Kulturfunktionären Anerkennung. Diese beruhte allerdings auf einer unangemessenen und willkürlichen Interpretation ihrer Gedichte. Im Parteizentralorgan «Prawda» (Wahrheit) konnte man am 4. Juli 1922 lesen, die Achmatowa besinge in ihren Gedichten die Oktoberrevolution als Beginn einer neuen Epoche der Menschheitsgeschichte. Kulturpolitikerinnen wie Alexandra Kollontaj oder Larissa Reisner glaubten, Achmatowas Dichtung einen guten Dienst erweisen zu können, indem sie sie mit der Parteiideologie in Einklang zu bringen versuchten. Ihre Gedichte seien ein künstlerisches Spiegelbild für die Frauenseele in der Epoche des weltgeschichtlichen Umbruchs, der in Rußland begonnen habe, für den Todeskampf zweier Kulturen und Ideologien. Die Ausführungen gipfelten in der Feststellung, Achmatowas Lyrik sei insgesamt ein literarisches Epochenäquivalent.[82]

Diese Versuche zeigten wenig Wirkung. Für Achmatowas kurzzeitiges Ansehen bei einigen Kulturfunktionären scheint eher ein Gedicht ihres *Anno Domini*-Bandes, genauer noch dessen erste Zeile, eine Rolle gespielt zu haben, die bald von Freunden und Feinden Achmatowas zitiert wurde: *Nein, nicht mit denen bin ich, die das Land / Dem Feind hinwarfen, Fleisch zum Fraß. / Ihr plumpes Schmeichelwort, ich nehms nicht an. / Ihnen mein Lied nicht, das ich den Freunden gab.* Das war aber nur der zornige und auch provokative Anfangsvers als Antwort auf Schmähungen durch verschiedene emigrierte Dichterkollegen. Dieser Text offenbarte noch andere Gefühle und Töne: unaufgelöste innere Spannungen, das Für und Wider der Emigration, Belastungen, Trauer, Mitleid. Vieles in ihm läßt sich auch gar nicht eindeutig entschlüsseln. Die weiteren Strophen lauten:

Doch immer nah mir: der Vertriebene,
Wie hinter Gitter eingezwängt, wie krank.
Das bittere fremde Brot – der Pilger brichts,
Dunkel sein Weg, ohn Ende lang.

Und hier, im tauben Qualm der Brände,
Die letzte Jugend hingebracht,
Wehrten wir doch von allen Schlägen
Nicht einen einzigen von uns ab.

Und später wissen wir, wird wahr befunden
Jeder Tag, wie er war: jetzt, hier.
Doch niemand auf der Welt ist tränenloser,
Hochmütiger und einfacher als wir.[83]
(ohne Titel, 1922; Nachdichtung: Rainer Kirsch)

Wie entschieden dieses Gedicht bis heute wirken mag und auch tatsächlich eine endgültige Absage an die Emigration war, Achmatowas poetisches Anliegen war nur sehr oberflächlich erfaßt, wenn man sich einzig auf dieses Gedicht oder gar nur auf dessen erste, wie eine Losung klingende Zeile konzentrierte. Erst das Umfeld dieses Textes, sein Bezug zu anderen Achmatowa-Gedichten, den sogenannten «Kontexten»[84], kann den qualvollen Weg zur Entscheidung der Autorin erhellen, die Zweifel und Ängste deutlich machen, auf deren differenzierte Darstellung und Mitteilung es Achmatowa ankam. Ohne deren Kenntnis wäre Achmatowa nicht die Dichterin mit unverwechselbarer Stimme und Haltung.

Im Sommer 1917 hatte sie in einem anderen Gedicht die Versuchung, die damals für sie bestand, deutlich gemacht: *Und eine Stimme war. Sie rief mich an / Tröstend, sprach: Komm nun, wo ich bin. / Verlaß dein taubes, dein in Sünden Land, / Von Rußland geh auf immer.* Auch Gründe für ein Weggehen waren notiert: schmerzliche Niederlagen, Kränkungen, Demütigungen. Am Schluß findet sich in einem für Achmatowa charakteristischen Bild die entschiedene Zurückweisung möglicher Verführungen: *Doch unbetroffen und gelassener Seele / Verschloß ich mit den Händen mein Gehör. / Daß nicht die nichtswürdige Rede / den Geist, den trauervollen, mir befleckt.*[85] (ohne Titel, 1917; Nachdichtung: Rainer Kirsch)

Das Jahr 1921 wurde für die noch junge Dichterin zum tragischen Wendepunkt ihres Lebens. Wie zur Bestätigung für ihre selbsterdachte abergläubische Legende um ihre Person hatte sie das, was nun auf sie zukam, in zahlreichen Gedichten vorausgeahnt, hatte Unglück als ihre eigene Bestimmung zu akzeptieren und auszuhalten versucht. Im Tenor dieser Vorahnungen lagen ihre Kassandrarufe vom Sommer 1914, in denen sie ihre Ängste um Gumiljow artikulierte, der an der Front in Ostpreußen war. Ihre Vorahnungen von persönlichem Unheil vermischten sich nun mit der Sorge um die Geschicke des Landes, das im Bürgerkrieg um seine Existenz kämpfte und zu alledem noch von Mißernten und Hungersnöten schicksalhaft heimgesucht wurde. Im eigenen Unglück fühlte sie schmerzlich das des Landes.

Am 3. August 1921 wurde Nikolaj Gumiljow verhaftet. Die Beschuldigung lautete: Verschwörung gegen die Sowjetmacht, Zusammenarbeit mit der Konterrevolution. Achmatowa erfuhr von der Verhaftung Gumiljows auf der Beerdigungsfeier für den Dichter Alexander Blok am 7. August. Gumiljow und zwanzig weitere junge Männer wurden am 25. August standrechtlich erschossen. Eine offizielle Mitteilung darüber veröffentlichten die Zeitungen am 1. September. Seit kurzem erst ist bekannt, daß mehrere Gnadengesuche von Freunden damals abgelehnt worden waren.

Nach neuesten Veröffentlichungen[86] kann man davon ausgehen, daß die Anschuldigung der Konterrevolution und Verschwörung eine Verleumdung war, die wahrscheinlich einen Racheakt zum Hintergrund hatte. Gumiljow war nach der Februarrevolution[87] als Fähnrich einem Kommissar der provisorischen Regierung unterstellt worden, der in außerordentlicher Mission nach Frankreich beordert worden war, um dort im Auftrag Kerenskijs bei der demokratischen Reorganisation des russischen Truppenkontingents zu helfen sowie bei der Bekämpfung von Anarchie mitzuwirken. Unter den russischen Soldaten in Frankreich war es zwischen Juni und September 1917 zu Meutereien gekommen, im Lager La Courtaine sogar zum offenen Aufstand mit der Forderung nach Kriegsbeendigung und sofortiger Entlassung. Der Aufstand von circa 9000 Soldaten wurde militärisch niedergeschlagen, die Anführer wurden in Arrest genommen beziehungsweise nach Afrika verbannt. Im Zusammenhang mit diesem Ereignis verfaßte Gumiljow für seinen Vorgesetzten einen Bericht. Es ist sicher, daß Gumiljow ein entschiedener Gegner jeder militärischen Undiszipliniertheit war und daß er an Verhandlungen mit den aufständischen Soldaten teilgenommen hatte; vermutlich auch an anderen Aktivitäten gegen die zu dieser Zeit überall zunehmenden Desertionen. Sicher, Gumiljow war kein Freund des neuen Regimes, und seine Rückkehr 1918 kann nicht als Loyalitätsbeweis gegenüber der neuen Macht gesehen werden. Aber es gibt bis heute keinerlei Beweis für konterrevolutionäre Aktivitäten seinerseits.

Achmatowa hat mit Bestürzung, Trauer und mit Selbstbezichtigungen auf Gumiljows Tod reagiert. Er war der bisher schwerste Schicksalsschlag für sie. In ihrer Vorstellung hatte eine dunkle anonyme Macht ganz in ihrer Nähe zugeschlagen. Gumiljows Erschießung war zugleich der erste brutale Schlag gegen die russische Literatur von seiten der neuen Macht.

Schon am 16. August 1921 entstand das folgende kurze Gedicht für Gumiljow – *Totenklage*, noch ehe Achmatowa die offizielle Gewißheit seines Todes hatte: *Bist mit dem Leben nicht davongekommen, / Aus dem Schnee nicht aufgestanden. / Bajonettstiche 28, / Revolverschüsse 5. / Ein so gräßliches Gewand / Habe ich meinem Freund genäht. / Blut liebt sie und immer Blut / Unsere russische Erde.*[88] (Übersetzung: Barbara Honigmann) Im Herbst desselben Jahres steigert sie in einem anderen kurzen Gedicht ihre Selbstbeschuldigungen bis zur Unerträglichkeit: *Tod hab ich den Lieben gebracht, / Ist einer dem anderen gefolgt. / O, Elend mir! Meine Worte haben Gräber gemacht. / Wie die Krähen kreisen über / Heißem, frischem Blut, / So hat meine Liebe, frohlockend / Wilde Lieder geschrien.*[89] (ohne Titel, 1921; Übersetzung: Wolfgang Hässner)

Im *Anno Domini*-Band finden sich Erinnerungen an viele für sie wichtige Menschen und verbinden sich mit deutlicher werdenden Wahrnehmungen vom Lauf der Zeit, von dessen geschichtlicher Dimension. Ihre persönlichen Erlebnisse sind mehr als früher in den

Anna Achmatowa, Anfang der zwanziger Jahre

Raum der allgemeinen Stimmungen und Ereignisse des Landes gestellt, ohne daß am Ende konkrete Einzelheiten dieser Ereignisse in den Gedichten auszumachen wären. Sie haben vielmehr ihre vollkommene poetische Verwandlung erfahren.

Um 1922

Achmatowa sah zu Beginn der zwanziger Jahre die Zeit gekommen, für sich Bilanz zu ziehen. Ihr bewegtes Leben und die ereignisreichen Jahre in Rußland verwoben sich dabei immer enger miteinander. Es kam zu größerer Themenvielfalt in ihrer Lyrik, aber stets blieb diese eng gebunden an *Daten ihres Gedächtnisses*[90], wie sie es gern nannte. Manchmal hat die Dichterin diese ihr vom Gedächtnis aufgebürdete Last verwünscht. Ihr Vermögen, vor allem schmerzliches Erleben wahrzunehmen und in Dichtung zu sublimieren, zeigt sich in *Anno Domini* weiter gereift.

Man könnte das, einen bekannten Titel von Peter Weiss verwendend, als Achmatowas Ästhetik des Widerstands verstehen. Einerseits erschien Achmatowa ihr eigenes Leben bis dahin als Kette unerfüllter, enttäuschender oder durch Mißverständnisse zugrundegerichteter Partnerbeziehungen. Andererseits hatten diese und andere Entzweiungen oft ihre Existenz als Dichterin zum Ausgangspunkt gehabt, ihr Recht auf künstlerische Eigenständigkeit und Freiheit. Dieses Recht schien ihr immer wieder, nicht nur von Künstlerkollegen und Verwandten, in Frage gestellt. Dabei war sie, objektiv gesehen, schon lange die bemerkenswerteste russische Dichterin. Unverwechselbares an poetischer Sprache, an lyrischem Gestus und Bildern war ihr gelungen – und sie war sich dessen bewußt. Auch in *Anno Domini* schwingt der frühere trotzige Ton, mit dem sie ihr Recht auf poetische Selbstverwirklichung glaubte verdeutlichen zu müssen. Dieses war für sie grundlegend und unantastbar, hatte aber nichts mit ihrem Geschlecht zu tun, sondern gehörte für sie zum selbstverständlichen Recht jedes Menschen.

Ihre einstige Antwort an Gumiljow: *Ich bin keine Poetesse*[91], hieß nicht, sich männlichem Schreiben anzuverwandeln, wie es etwa von Sinaida Hippius, einer anderen russischen Dichterin[92], bekannt und beschrieben wurde. Diese, berichtet Jelena Kusmina, habe bewußt das Männliche in Haltung, Umgang und Denkweise zu kopieren versucht, Herrenanzüge getragen, nur mit Männern über Politik, Religion und Philosophie geredet und in ihren Gedichten Intellekt und intellektuelle Spannung über das Gefühl gestellt. Bei der Achmatowa sei das völlig anders gewesen. In ihren Gedichten wie im Leben sei sie stets Frau geblieben. Gumiljow habe sich einmal mit dem Blick auf diese Sinaida Hippius über sie lustig gemacht und gesagt: «Du wirst nie einen Salon haben – den interessantesten Besucher wirst du immer auf dein Zimmer mitnehmen.»[93]

Achmatowa hat sich nie veranlaßt gesehen, über «weibliches Schreiben» ausdrücklich zu reflektieren. Wesentliches Kriterium einer Dichtung war für sie das künstlerisch-ästhetische, handwerkliche und intellektuelle Niveau, ungeachtet des Geschlechts des Autors. Die meisten ihrer Dichterkollegen sind ihr darin auch ohne weiteres gefolgt und haben die junge Dichterin von Anfang an in ihre Mitte aufgenommen.

Achmatowas Verständnis für «weibliches Schreiben» hat dennoch eine interessante und spezifische Seite: ihr Schreiben ist durchaus «weibliches Schreiben» in dem Sinne, daß es von Beginn an in einem

Anna Achmatowa. Zeichnung von Kusma Petrow-Wodkin, 1922

reichen Spektrum lyrischer Subjektivität die Persönlichkeit einer Frau offenbart. Diese Subjektivität erscheint in den Gedichten äußerst dynamisch, präzise und differenziert, beobachtet und gestaltet in unendlich vielfältigen Lebenssituationen, in jeweils genau erfaßten Psychogrammen und einem breiten, Widersprüche fixierenden emotionalen und ästhetischen Bereich. Hinzu kommt, daß die Verse von *Anno Domini* eine Einengung von Achmatowas Dichtung auf das rein Private oder Intime nicht erlauben.

Was Achmatowa bis dahin geleistet hatte, entsprach im übrigen der akmeistischen Programmatik, die unterschiedslos vom Dichter, gleichgültig, ob Mann oder Frau, sehr genaue, realistische und an die sinnlichen Dinge und Gegenstände dieser Welt gebundene Widerspiegelung verlangte. Wurde ihr Genüge getan, war auch die weibliche Sicht auf die Welt garantiert, vorausgesetzt, das dichterische Talent stand dahinter. Diese Forderung der Akmeisten hat Achmatowa von Anfang an dank ihres Talents mit größter Selbstverständlichkeit erfüllt. Diese Aussagen werden keineswegs dadurch geschmälert, daß Frauen zum bevorzugten Rezipientenkreis ihrer Lyrik gehört haben und vielleicht immer gehören werden, daß sie ihr eigenes Verständnis für Achmatowa fanden und finden, auch wenn feststeht, daß die Dichterin nur ganz selten ihre Texte speziell an Frauen gerichtet hat.

Schließlich sind in diesem Zusammenhang auch die zahlreichen Widmungsgedichte der Achmatowa an Frauen, vor allem an Künstlerinnen, kein besonders beweiskräftiges Argument für «weibliches Schreiben», schon deshalb nicht, weil sich bei dieser Textsorte ebenso viele Männern gewidmete Gedichte finden lassen.

Nicht erst in *Anno Domini*, sondern bereits in der *Rosenkranz*-Sammlung findet man Widmungsgedichte an die Schauspielerin, Tänzerin und Sängerin Olga Glebowa-Sudejkina (1885–1945), die in Achmatowas Schaffen beinahe durchgängig bis ins Spätwerk auftaucht, und zwar deutlich als eine Art Doppelgängerin, ein anderer Entwurf ihrer selbst. Im berühmten Petersburger Künstlercafé «Der streunende Hund», das Silvester 1911 gleichzeitig als Kabarett eröffnet worden war, gab es damals kaum eine interessantere und geheimnisvollere Frau als die Sudejkina. Sie war vielseitig begabt und führte ein selbstbewußtes, unabhängiges Künstlerleben. Später (1924) emigrierte sie nach Paris. Im «Streunenden Hund» traf sich ein bestimmter Teil des künstlerischen Nachwuchses und produzierte sich dort spontan. Die Sudejkina war mit ihren leidenschaftlichen Tänzen die Attraktion. Achmatowa befreundete sich eng mit ihr. Das folgende Gedicht aus *Rosenkranz* gibt die damalige Atmosphäre gut wieder:

Wir alle sind hier Trinker, lasterhafte Weiber
Und wie unglücklich alle zusammen!
An den Wänden die Blumen und Vögel
Haben Sehnsucht nach den Wolken.

Im Petersburger Künstlerkabarett «Streunender Hund»

Du rauchst eine schwarze Pfeife,
Seltsamer Nebel über ihr.
Ich habe einen ganz engen Rock angezogen,
Damit ich dir noch schöner scheine.

Die Fenster sind für immer hier vernagelt.
Was gibts denn draußen, Frühling oder Frost?
Mit deinen Augen blickst du wie
Eine lauernde Katze.

O, wie mein armes Herz sich sehnt!
Warte ich denn nur noch auf den Tod?
Ach, die, die jetzt noch tanzen kann,
Landet hundert zu eins in der Hölle.[94]
(ohne Titel, 1. Januar 1913;
Nachdichtung: Barbara Honigmann)

Anna Achmatowa und Olga Glebowa-Sudejkina

Weil die Sudejkina den Selbstmord des begabten jungen Dichters Wjatscheslaw Knjasew verschuldet hatte, schrieb Achmatowa in *Stimme des Gedächtnisses*: *Was siehst du, was schaust du mißmutig zur Wand / In der Stunde der späten Himmelsröte? [...] Vielleicht ist es der Park von Zarskoje Selo, / Wo dir die Angst den Weg vertrat? / Oder siehst du vielleicht ihn zu deinen Knien, / Der deiner Fron entfloh in den weißen Tod?*[95] (1913; Übersetzung: Wolfgang Hässner)

Achmatowa war von der Leichtigkeit und auch Leichtfertigkeit der Sudejkina fasziniert. Sie bewunderte diese Frau und hielt sie für ein Muster an Selbstbewußtsein. Zugleich verhielt sie sich ihr gegenüber fragend-kritisch. Auch nach Sudejkinas Weggang in die Emigration blieb es für die Achmatowa eine spannungsvolle Beziehung zu einer «Doppelgängerin».[96] Ihr letztes Gedicht an sie im *Anno Domini*-Band war ein bitterer Abschied: *Du prophezeist, du Bittre, und läßt deine Arme sinken, / Die Haare kleben an deiner blutlosen Stirn, / Und du lächelst – oh; doch keine Biene mehr / Verführt dein rosarotes Lächeln / Und keinen Falter stürzts mehr in Verwirrung. / Wie Mondaugen so hell, und gespannt / Steht dein Blick starr in die Ferne. / Dem Toten gilt dein süßer Vorwurf? / Oder verzeihst du gnädig / Deine Schwächen, deine Schande den Lebenden?*[97] (ohne Titel, 1921; Übersetzung: Wolfgang Hässner)

Um die Mitte der zwanziger Jahre verstummte Anna Achmatowa. Der Gedichtband *Anno Domini* war abgesehen von wenigen Einzeltexten für fast zwei Jahrzehnte ihre letzte größere Publikation. In den Achmatowa-Biographien finden sich verschiedene Versionen für die Gründe ihres langen Schweigens. Gleb Struve, einer der verdienstvollen Herausgeber ihres Werkes im Ausland[98], sieht allein einen gewaltsamen Akt sowjetischer Kulturpolitik ihr gegenüber, der mit dem Berufsverbot endete. Andere Versionen vermuten, daß die Dichterin die innere Emigration wählte, weil sie selbst gespürt habe, daß ihre Dichtung nicht mehr in die Zeit passe. Schließlich sehen genaue Kenner, daß ihre schöpferischen Kräfte in dieser Zeit abgenommen hatten oder gänzlich verbraucht waren, wofür wiederum Gründe gefunden werden müßten. Sie selbst schrieb: *Um die Mitte der zwanziger Jahre begann ich mich intensiv und mit großem Interesse mit der Architektur Alt-Petersburgs zu befassen und mit Leben und Werk Puschkins. Ergebnis meiner Puschkin-Studien waren drei Arbeiten – zum einen «Der Goldene Hahn», dann Untersuchungen zu «Adolphe» von Benjamin Constant und zu «Der steinerne Gast». Sie wurden alle zu ihrer Zeit gedruckt.*[99] Während Achmatowa hier ihr poetisches Verstummen übergeht, finden sich später offene Eingeständnisse wie dieses: *Für nichts bin ich mehr gut, / Kein einziges Wort kommt über meine Lippen. / Kein Präsens, stolz bin ich auf Vergangenheit. / Und diese Schande nimmt den Atem mir.*[100]

Es handelte sich bei ihr zweifellos um eine Schaffenskrise. Als diese für sie endlich überwunden schien, datierte Anna Achmatowa sie auch exakt in die Jahre 1923 bis 1936 und stellte an deren Ende selbstbewußt fest, daß sich ihre Handschrift stark verändert habe, ihre Stimme anders klinge und eine Rückkehr zu ihrer bisherigen Art zu schreiben ausgeschlossen sei. Jetzt, schrieb sie 1936, flössen die Gedichte wieder *überstürzt, wie atemlos*[101].

Die Krise ist aber ohne das Wirken äußerer Faktoren unzureichend erklärt. Diese wirkten lähmend, verzögernd und demotivierend auf einen Neuansatz in ihrem Schaffen.

Seit Gumiljows Erschießung hatte Achmatowa immer mehr die Hoffnung auf eine kulturelle Erneuerung ihres Landes verloren. Spätestens 1924 mußte ihr bewußt geworden sein, daß mit einem gesellschaftlich getragenen Aufbruch in Kunst und Wissenschaft nicht mehr zu rechnen war. Die von den meisten namhaften Künstlern und Wissenschaftlern erhoffte polyphone Kunstszene, in der auch Achmatowa hätte ihren Platz finden können, gehörte nicht zum Konzept der neuen Macht. Im Gegenteil forcierte die bolschewistische Partei um 1924 ihre ideologischen und organisatorischen Anstrengungen, um die vielen literarischen, künstlerischen Gruppierungen, Schulen und Richtungen im Land einer dogmatischen kulturpolitischen Linie und Führung unterzuordnen. Viele Künstler entzogen sich dem durch Emigration, darunter auch viele Freunde der Achmatowa. Sie fühlte sich einsam und depressiven Stimmungen ausgeliefert. Ihr wurde bewußt, daß mit dem Massenexodus meist avantgardistischer Künstler die russische Kultur auf unabsehbare Zeit ihr wertvollstes Innovationspotential verlor.

Zu der komplizierten Dialektik schaffensinterner und -externer Faktoren kommen sicher auch Achmatowas abergläubische, manchmal apokalyptische Vorahnungen hinzu. Zugestanden hat sie dies beispielsweise für die sintflutartige Überschwemmung Leningrads 1924, auch im Zusammenhang mit der aus ihrer Sicht unheilverheißenden Umbenennung ihrer geliebten Stadt Petersburg in Leningrad oder ihren qualvollen Begegnungen mit Zarskoje Selo, das während der Revolutionswirren der Devastation anheimgefallen war. In all diesen Ereignissen glaubte sie symbolische Vorzeichen für das allgemeine Unheil erkennen zu müssen, das seit dem Ersten Weltkrieg und der Oktoberrevolution über Rußland gekommen war.

Ein Schlüsseltext für diese Zeit und Stimmung ist das Gedicht *Lots Weib* (*Lotova shena*), Teil eines offenbar größeren, aber Fragment gebliebenen Vorhabens, wo die Dichterin in alttestamentarischen Frauenfiguren wie Rahel und Lots Frau Überlieferung und Aktuelles, Fremdes und Eigenes zusammenbringt, Beruhigung und innere Kraft suchend. Achmatowa beschreibt mit starken Bildern den Erstarrungsvorgang von Lots Frau, die einen letzten Blick auf ihre untergehende Stadt Sodom gewagt hat: *Des heimischen Sodoms sanftrötliche Türme, / Den Platz, wo du sangest, den Hof, wo du spannest, / Das ragende Haus mit den leeroffnen Türen, / Wo du dem Gemahle die Kinder gebarst.*[102] Lots Frau hatte dafür mit ihrem Leben bezahlt:

Durchsichtiges Salz wurde ihr Leib; die behenden
Füße erstarrten, verwuchsen im Stein.
Wer wird dieser Frau eine Träne nachweinen,
Sie kleinster Verlust wohl im Höllengeschick?
Nur mein Herz wird ihrer gedenken: für einen
Hin gab sie ihr Leben, für einen Blick.[103]
(24. Februar 1924; Übertragung: Peter Gosse)

In der mitleidvollen Beziehung des lyrischen Ich zur bekannten biblischen Frauenfigur spürt man zugleich Achmatowas Versuch, sich dieser Figur zu nähern, sich ihr anzuverwandeln und mit ihr eins zu werden – über die Zeiten hinweg. Damit konnte sie Trost und Widerstandskraft finden und auf ähnliche Wirkungen bei ihren Lesern hoffen. Doch 1924 war das schon sehr schwer geworden. Das Gedicht erschien zwar in einer literarischen Zeitschrift in kleiner Auflage, aber es blieb über zwanzig Jahre den meisten Lesern unbekannt. In Achmatowas Bild vom untergehenden Sodom[104] (Rußland/Sowjetunion) und vom fliehenden Lot und seiner Familie (den Hunderttausenden Emigranten) war ein brisanter politischer Vergleich – bewußt oder unbewußt – angelegt, den die Zensur nicht übersehen konnte. Achmatowa hat an diesem Bild mehr die Frau, Lots Weib, interessiert, und diese Seite bekam unter ihrer Hand eine besondere Tiefe. Sie betonte den Schmerz der Frau und die Unmöglichkeit für sie, ihr Haus, ihr Land zu verlassen, ihre Vergangenheit aufzugeben. Für die Dichterin verhielt es sich ebenso. Deshalb konnte sie sich mit der biblischen Figur identifizieren.

Für die offizielle Kulturpolitik war dieser Text eine «antisowjetische Provokation». Achmatowas Auftreten auf einem Leseabend in Moskau kurze Zeit später machte schließlich für die Zensoren das Maß voll. Die Dichterin hatte wie mit erstarrter Stimme und lei-

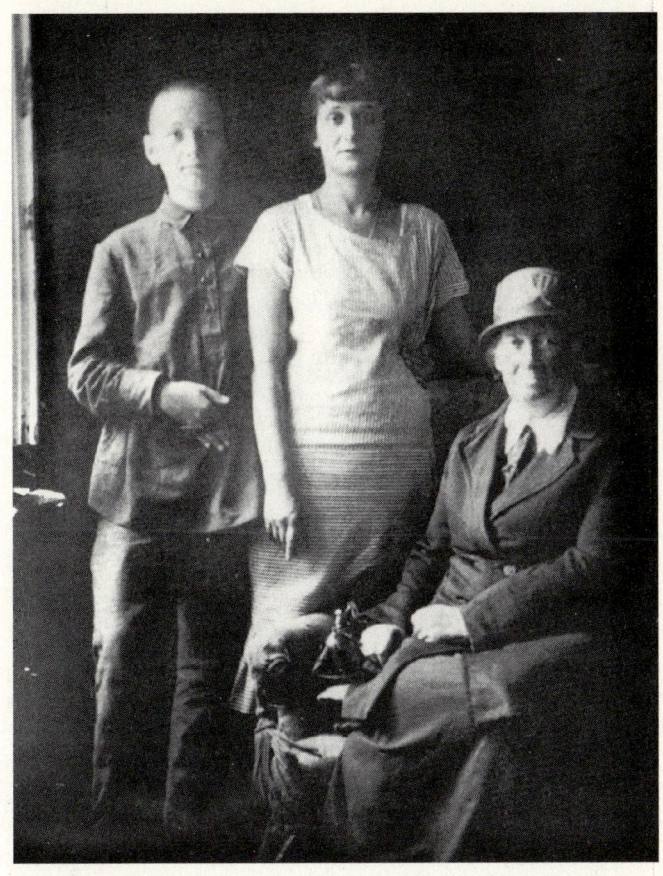

Anna Achmatowa mit dem Sohn Lew und ihrer Schwiegermutter

chenblaß ihr Gedicht *Verleumdung* (*Kleveta*) in der Fassung von 1922 vorgetragen. Im Publikum aber saßen nicht nur ihre Dichterfreunde wie Boris Pilnjak oder Jewgenij Samjatin, sondern auch ihre Gegner.

Verleumdung

Ringsum Verleumdung greift nach mir.
Ihr Kriechgang folgt mir nach im Traum,
Und in der toten Stadt mit ihrem gnadenlosen Himmel

Schweif ich umher nach Brot und Obdach.
Ihr Widerschein in aller Augen flackert,
Es ist wie beim Verrat, ein andermal wie beim Erschrecken.
Ich fürcht sie nicht. Jeder Herausforderung
Geb ich gebührend Antwort, würdevoll und streng.
Ich weiß: unweigerlich kommt jener Tag,
wo morgens meine Freunde sind
Und meinen süßen Traum mit Seufzen enden.
Man legt ein Bild mir auf die kalte Brust.
Unerkannt kommt sie sodann herein,
In meinem Blut ihr ungestillter Mund,
Ohne Pause wüste Beleidigungen,
Und ihre Stimme mengt sich in der Totenmesse Sang.
Und allen hörbar ist ihr schändlich Faseln,
Daß Nachbar seinem Nachbarn nicht ins Auge blicken kann,
Daß fürchterliche Leere bleibt in mir,
Daß meine Seele brennt zum letzten Male
In irdischer Ohnmacht, fliegt ins Morgengrauen fort,
Mit wilder Bange um die rückgelaßne Erde.[105]
(1922; Übersetzung: Wolfgang Hässner)

Die düsteren Bilder und die Todesstimmung, vor allem auch die Zeilen *Jeder Herausforderung / Geb ich gebührend Antwort, würdevoll und streng* wurden von der Parteipresse als unerträgliche Provokation aufgenommen. Angesichts von Achmatowas Autorität mußte ihre Stimme zum Schweigen gebracht werden. Ohnehin war sie die Frau eines Konterrevolutionärs! Da heute die Würdelosigkeit kaum noch vorstellbar ist, mit der damals seitens der Parteifunktionäre vorgegangen wurde, seien einige Auslassungen des Zentralorgans «Prawda» über den letzten Leseabend der Achmatowa angeführt: «Und dann intonierte Achmatowa im Stile altgläubiger Gesänge irgend etwas über Tote. [...] Im Saal verdichtete sich die Atmosphäre von reinster Ästhetik, Archivstaub und Eau de Cologne. [...] Die zerknitterten, nach Mottenpulver riechenden, steifen Gehröcke haben einfach nicht bemerkt, daß ihr Heute das Heute von gestern ist und die Beschaffenheit steinharten Brotes hat, das selbst ein geübter Esser kaum herunterwürgen kann. Den ewig Gestrigen schmeckt natürlich auch diese Speise von gestern am besten.»[106]

Nach 1924 starben viele literarische Zeitschriften und Verlage, darunter der von Maxim Gorkij und Anatolij Lunatscharskij gegrün-

Anna Achmatowa, 1926

dete Verlag «Weltliteratur» mit einem breitgefächerten, alle bedeutenden literarischen Richtungen und Strömungen repräsentierenden Editionsprogramm, das auf Jahrzehnte im voraus angelegt war. Die zahlreichen literarischen Gruppierungen, Schulen und Vereinigungen fielen der Zentralisierung in der Kulturpolitik zum Opfer.[107] Ein einheitlicher Schriftstellerverband wurde vorbereitet und 1934 gegründet.[108] Andere Autorenvereinigungen waren verboten.

So muß abschließend festgestellt werden: Achmatowas Schaffenskrise kann, legt man ihre Selbstaussagen zugrunde, nicht länger als bis zur Mitte der dreißiger Jahre angehalten haben. Ihr viel längeres Verstummen in der literarischen Öffentlichkeit (bis 1940/41) hatte dann allein äußere Ursachen: massive Drohungen, fortwährende Demütigungen und Ausgrenzung. Sie mußte Beschimpfungen als Mystikerin, Nonne (!) und Feindin der neuen gesellschaftlichen Ordnung über sich ergehen lassen. Ein besonders rüder Schreiber hatte Achmatowa nach dem Freitod des Dichters Sergej Jessenin[109] am 28. Dezember 1925 gar aufgefordert, dessen Beispiel zu folgen. Die Jahre ihres absoluten Publikationsverbots dauerten bis 1940.

Achmatowa war im Jahre 1923 eine dritte Ehe eingegangen, nachdem sie sich von Wladimir Schilejko hatte scheiden lassen. Sie lebte nun mit dem Kunstwissenschaftler Nikolaj Punin (1888–1953) zusammen. Auf die Probleme dieser Verbindung wird später noch eingegangen. Zunächst hatte sie an diesem Mann eine wirkliche Stütze in den für sie schweren Zeiten. Punin leistete eine interessante und wichtige kulturpädagogische Arbeit, an der Achmatowa auf verschiedene Weise Anteil nahm. Als Professor für Kunstgeschichte und leitender Museumsfachmann besaß er im Scheremetjew-Palast (von Achmatowa meist als «Fontannyj Dom» bezeichnet) eine kleine Dienstwohnung. Dieser Palast mit seinen wertvollen Kunstsammlungen war durch Schenkung des letzten Besitzers in Staatseigentum übergegangen und dem Russischen Museum zugewiesen worden. Punin engagierte sich im Einvernehmen mit dem Volksbildungsminister Anatolij Lunatscharskij führend bei der musealen Aufbereitung der immensen Kunstschätze des Palastes.[110]

In der kleinen Wohnung der beiden trafen sich in den nächsten Jahren (zwischen 1923 und 1929/30) namhafte Künstler wie Wladimir Majakowskij, Wladimir Tatlin, Kusma Petrow-Wodkin, Nikolaj Tyrsa und Alexej Osmjorkin sowie der Kunstfotograf Nappelbaum und die Bildhauerin Natalja Danko und andere. Es wurde heftig und offen über die gesellschaftlichen und kulturpolitischen Vorgänge sowie über neue künstlerische Arbeiten der Anwesenden gestritten. Auch Achmatowas Verse standen nicht selten im Mittelpunkt solcher Debatten. Viele Künstler kamen auch, um Anna zu porträtieren, zu modellieren oder zu fotografieren. Die Zahl künstlerischer Darstellungen der Achmatowa ist sehr groß. In unserer Monographie finden sich einige der wichtigsten.

Diese «Salon»-Zusammenkünfte wirkten der Ausgrenzung Achmatowas aus dem geistig-kulturellen Leben entgegen, sie waren wesentlich für die allmähliche Wiedergewinnung ihrer psychischen Balance. Vermittelt durch Punin konnte sie in den zwanziger Jahren mit Übersetzungen aus dem Französischen und Italienischen ihren Etat etwas aufbessern. Diese Arbeiten waren zudem für sie inhaltlich interessant, es ging um Rubens-Briefe und um eine Cézanne-Monographie. Sie leistete Punin auch für seine Vorlesungen und Vorträge wertvolle Zuarbeit. Schließlich sind für diese Jahre ihre akribischen Bemühungen um die Sammlung und Aufbewahrung des Nachlasses von Nikolaj Gumiljow[111] nachgewiesen. Ohne ihr gewissenhaftes Zutun wäre vieles von seinem Werk für immer verloren gewesen. Den

Anna Achmatowa und Nikolaj Punin, ihr dritter Ehemann

Arbeiten ihres ersten Mannes widmete sie Untersuchungen, unter anderem erforschte sie die literarischen Wechselbeziehungen mit dem englischen Autor Edgar Allan Poe. Sie begeisterte sich für die zu dieser Zeit stärker aufkommende vergleichende Literaturwissenschaft (Komparatistik) und nahm diese Methode in ihre Puschkin-Forschungen auf.

Das in den fünfziger Jahren des 18. Jahrhunderts erbaute Palais des Grafen Scheremetjew in Petersburg. Hier, im Haus an der Fontanka, wohnte Anna Achmatowa mit Unterbrechungen von 1919 bis 1952. Heute befindet sich dort das Achmatowa-Museum.

Schließlich bezeugt Lidija Tschukowskaja in ihren «Aufzeichnungen über Achmatowa»[112], daß auch viele unbekannte Menschen zu der verfemten Dichterin kamen, meistens Frauen. Im engen Kreis, in ihrer winzigen Wohnung, kam es zu privaten Lesungen. Sie gab es bis zum Beginn des von Stalin eingeleiteten Massenterrors gegen Intellektuelle, als solche Treffen lebensgefährlich für alle Beteiligten wurden. Diese Form der literarischen Kommunikation hat dazu beigetragen, daß Achmatowas Gedichte nicht dem Vergessen anheimfielen.

«Kriegswind» – Verteidigung
der europäischen Kultur

Und es fiel ein Wort aus Stein
Auf die Brust, in der noch Leben ist.
Doch was solls: ich war dafür bereit.
Damit werd ich fertig, irgendwie.[113]
Anna Achmatowa (1939)

Als diese Verse geschrieben wurden, hatte der Terror der dreißiger Jahre auch Achmatowas Familie erreicht. Es schien zwar so, als ob der Name der Dichterin längst aus dem Gedächtnis der literarischen Öffentlichkeit getilgt wäre, aber offensichtlich fürchtete man ihre Stimme auch weiterhin. Es begannen die Einschüchterungen gegen sie und ihre nächsten Angehörigen.

Im Dezember 1933 wurde ihr Sohn Lew, einundzwanzigjähriger Student der Leningrader Universität, kurz nach seiner Immatrikulation an der Historischen Fakultät verhaftet. Neun Tage später kam er wieder frei, die Anschuldigung hatte gelautet: «antisowjetische Tätigkeit». Nach Lew Gumiljows eigenen Aussagen hatte er im Kommilitonenkreis politische Witze erzählt, wozu die gesellschaftliche Realität von Kollektivierung, Industrialisierung und Kulturrevolution hinreichend Anlässe bot.[114] Zwei Jahre danach, im Spätherbst 1935, erfolgte die zweite Verhaftung, diesmal zusammen mit seinem Stiefvater Nikolaj Punin. Nach einem Brief Achmatowas an Stalin sowie Bittgesuchen der Schriftsteller Boris Pasternak, Lidija Sejfullina, Boris Pilnjak und anderer wurden beide nach einigen Tagen wieder freigelassen. Diese Strategie der Drohung und Einschüchterung galt vor allem der Achmatowa. Man muß sich diese Vorgänge vor dem Hintergrund eines in der ganzen Gesellschaft herrschenden Klimas der Angst vor Verhaftungen und Anschuldigungen vorstellen. Das Jahr 1938 brachte schließlich für beide Männer die erneute Verhaftung. Mit Punin war Achmatowa zu dieser

Zeit nicht mehr zusammen. Sie hatten sich unter dem Ansturm miß-
licher Umstände auseinandergelebt. Diesmal kam Lew Gumiljow
nicht so glimpflich davon. Er wurde zu fünf Jahren Lagerhaft und
Zwangsarbeit im sibirischen Norilsk verurteilt. Beim Abtransport
dorthin im August 1939 sah Achmatowa ihn für viele Jahre zum letz-
tenmal. Er kam später dadurch «frei», daß er sich 1944 freiwillig an
die Front meldete, wo er in einem Strafbataillon den Krieg überlebte.

Stark erschüttert wurde die Achmatowa auch durch die Ermordung des ihr seit der «Dichterzunft» nahestehenden Ossip Mandelstam im Jahre 1938. Weitere Schläge für sie waren das spurlose Ver-
schwinden Boris Pilnjaks und der Tod Michail Bulgakows 1940.[115]

Das, was Achmatowa nun erleben mußte, kennzeichnete die allgemeine Situation der Angst und Verdächtigungen, der Bespitzelung
und des Verrats in der Sowjetunion. Überall verschwanden Menschen
bei Nacht und Nebel. Achmatowa lernte wie hunderttausend andere
wortlos zu leiden und zu begreifen, daß Leid und Unglück jeden zu
jeder Zeit, schuldlos oder schuldhaft, treffen konnten. Manchmal war

Ossip Mandelstam

sie darüber dem Wahnsinn nahe: *Schon deckt der Wahnsinn meine Seele mit halbem Flügel zu / Tränkt mich mit Feuerwein / Und zieht mich in schwarze Gründe.*[116] (*Requiem 9*, 4. Mai 1940; Übersetzung: Wolfgang Hässner).

Die folgenden Verse deuten etwas sehr Wesentliches in ihrer Entwicklung an: *Nein, das bin nicht ich; jemand anders ist es, der leidet. / Denn nicht stand hielte ich. Was sich ereignet hat, / Solln schwarze Tücher bedecken, / Und fort die Laternen … Nacht.*[117] (ohne Titel, 1939; Übersetzung: Peter Gosse). Die Dichterin kam in den dreißiger Jahren der im russischen Denken tief verwurzelten Philosophie des Leidens näher. Das überraschte nicht bei ihrem bisherigen Lebenslauf und ihrer Neigung, über dieses eigene Leben intensiv zu reflektieren. Bei der jungen Achmatowa fanden sich bereits in ihrer Liebesdichtung Ansätze einer fatalistischen Leidenshaltung, freilich ohne philosophisch-ethische Tiefe. Es handelte sich um reine Momentaufnahmen von Stimmungen. Jetzt, in den dreißiger Jahren, vertiefte sich diese Philosophie des Leidens, einmal durch die unausweichlichen Begegnungen mit der Wirklichkeit, zum anderen durch Begegnungen mit den Werken Lew Tolstojs und Fjodor Dostojewskijs, auch Dantes und Shakespeares. Immer häufiger setzte sich Achmatowa mit der Bibel, insbesondere dem Alten Testament, auseinander.

Die Richtigkeit der Philosophie des Leidens, wie sie seit dem frühen Christentum immer wieder vertreten wurde, schien sich für Achmatowa in diesen Jahren als weltanschauliche Orientierung deutlicher denn je zu bestätigen. Sie war gerade fünfzig Jahre alt geworden. Ihr Lebensweg stellte sich ihr als ein einziger Leidensweg dar. Die Gefahr der Verklärung und Mystifizierung dieser Leidensvorstellungen wurde ihr allerdings ebenfalls bewußt. Freunde wie Pasternak hatten sie schon vor geraumer Zeit davor gewarnt, sich zu sehr auf diese philosophischen Positionen einzulassen.

Je gründlicher sie sich jedoch in den folgenden Jahren Fragen des menschlichen Leids zuwandte, desto überzeugender stellte sich ihr die moralische Kraft und Schlüssigkeit der von Tolstoj, Dostojewskij und anderen vertretenen Philosophie des Leidens dar. Ihr Denken erreichte zunehmend menschheitsgeschichtliche Dimensionen, und die Suche nach philosophisch-ethischer Sinnorientierung drängte Achmatowa folgerichtig zur kritischen Befragung ihres bisherigen Werkes und zu produktiven Konsequenzen. Man kann an den relativ wenigen Gedichten der unmittelbaren Vorkriegszeit und dann während des Zweiten Weltkrieges nachvollziehen, wie sich bei ihr das Mit-Leiden als menschliche und künstlerisch-produktive Haltung festigte. Mit-Leiden wird zum bewußten Einssein mit den leidenden Anderen ihrer unmittelbaren Umgebung, ihrer Stadt, ihres Landes. Diese Überzeugung machte der Dichterin in den kommenden Jahren Mut und gab ihr innere Kraft, und sie schlug sich in ihrer Themenwahl und Poetik deutlich nieder.

Im Jahre 1940 gab es für Achmatowa zunächst einmal eine eigenartige Überraschung. Auf ausdrückliche Weisung Stalins sollte ein repräsentativer Band mit Achmatowa-Gedichten gedruckt werden. Der Diktator wollte damit seiner Tochter Swetlana einen Wunsch erfüllen. Achmatowa wurde aufgefordert, umgehend mitzuwirken. Sie hatte zunächst *Die Weide* (*Iva*) als Titel für die geplante Auswahl gewünscht. Mit diesem poetischen Bild wollte sie ihre und des Landes Grundstimmung unverfänglich wiedergeben. Das wurde von der Zensur nicht akzeptiert, das Gedicht gleichen Titels aber fand Aufnahme in der Sammlung.

Die Weide

Ich aber wuchs in grüngemusterter Stille
In des Jahrhundertanfangs kühlem Kinderzimmer,
Lieb war mir keine Menschenstimme,
Verständlich, was der Wind sprach und verschwieg.
Die Nessel liebe ich und die wilden Kletten,
Am meisten meine Weide, silberblättrig.
Und dankbar, lebte sie das ganze Leben
Mit mir, wehte mit weinenden Zweigen
Mir Träume in die Schlaflosigkeiten …
Nun, seltsam, habe ich sie überlebt.
Dort ragt der Stumpf, mit leisen Stimmen
Reden andere Weiden fremde Worte
Unter dem alten, unter unserem Himmel.
Ich schweige, schweig. Als wär ein Bruder gestorben.[118]
(1940; Nachdichtung: Rainer Kirsch)

Der gewünschte Sammelband kam im Schnellverfahren zustande und enthielt eine Auswahl früherer und neuester Gedichte. Achmatowa hatte bei der Korrektur mit riskanter Eigenmächtigkeit ein paar von der Redaktion nicht genehmigte Texte hinzugefügt, was man ihr schließlich durchgehen ließ. Ihre beiden metaphorischen Titel für den Band – sie hatte außer *Die Weide* noch *Schilfrohr* (*Trostnik*) vorgeschlagen – wurden abgelehnt. So kam der Band mit dem poetisch nichtssagenden und unauffälligen Titel *Aus sechs Büchern* (*Iz šesti knig*) heraus. Er wurde nur im engeren Kreis des Verlagswesens verteilt und blieb ohne öffentliche Resonanz. Sein thematisches Spektrum war breit. Es schloß poetische Auseinandersetzungen mit der eigenen Schaffenskrise und Reflexionen über künstlerische Arbeit und Schriftstellerexistenz ein, elegische Liebesgedichte und Anverwandlungen an bedeutende Gestalten der Weltliteratur, außerdem mehrere Widmungsgedichte, unter anderem für Pasternak, Mandelstam und Majakowskij.

Anfang April 1940 kam es zu einer weiteren Merkwürdigkeit: Im Leningrader Smolny fand erstmals wieder eine öffentliche Würdigung Wladimir Majakowskijs (1893–1930) statt, zehn Jahre nach dessen Freitod.[119] Achmatowa war zum Festakt des Schriftstellerverban-

Wladimir Majakowskij

des eingeladen worden und hatte für diesen Anlaß das Gedicht *Majakowskij im Jahr 1913* (*Majakovskij w 1913 godu*) verfaßt, das kurz vorher in der Literaturzeitschrift «Stern» (Swesda) erschien. Ihr erstes Auftreten nach so vielen Jahren des Schweigens, dazu noch mit einem Text für Majakowskij, war eine Sensation. Jeder wußte, daß kaum ein größerer ästhetischer Unterschied zwischen zwei Dichtern denkbar war als zwischen diesen beiden. Zu Lebzeiten waren sie sich menschlich nie nähergekommen. Jetzt aber hatte Achmatowa dem Dichterkollegen die spöttischen, manchmal gar höhnischen Äußerungen über ihre Person und Dichtung verziehen.

Majakowskij im Jahr 1913

Nicht dich im Ruhm kannt ich, ich erinnere
Mich an den Anfang nur, deinen stürmischen, doch
Kann sein das ist mein Recht, ich lenk die Erinnerung
Auf jene Jahre, die fern sind.
Kraftvoller schlugen die Töne, neue
Stimmen schwirrten im Vers, die jungen
Hände, nicht faul: dräuende
Gerüste richteten sie auf.
Was du berührtest, schien anders
Als es bisher war. An dessen Zerstörung
Du gingst, zerstört liegt's. In jeglichem Wort
Pulste das Urteil.
Einsamer du, selten zufrieden, du triebst
Das Schicksal voll Ungeduld, immer
Wußtest du: bald, heiter
Zogst du zum großen Kampf, frei.
Und schon, wir hörtens im Widerhall, dumpf brausend,
Trugst du Gedichte vor, Flut,
Zornig schielte der Regen, ungestüm
Gingst du mit der Stadt in den Streit.
Und, noch niemals gehörter, flog dein
Name, Blitz in den stickigen Saal;
Heute vom ganzen Land bewahrt,
Tönt er wie ein Signal zum Kampf.[120]
(3.–10. März 1940;
Nachdichtung: Rainer Kirsch)

Achmatowa interessierte nicht der Majakowskij im Ruhm, nicht der Verfasser des «Linken Marsches», der «Verse vom Sowjetpaß» oder des «Lenin-Poems», nicht der auf Versammlungen laut und pathetisch Zitierte. Auch der höhnisch-satirische Ton seiner antikapitalistischen Amerika- und Deutschland-Gedichte war nicht nach Achmatowas Geschmack, und die Dichtung des nachrevolutionären Majakowskij fand Achmatowas Zustimmung nur selten. Ihr Widmungsgedicht erinnerte vielmehr an den energiegeladenen Zwanzigjährigen, den sie 1913 im Kabarett «Der Streunende Hund» erlebt hatte. Diesen frühen, streitbaren und manchmal chaotisch Veränderungen fordernden Majakowskij hob sie 1940 hervor und hielt sein Bild den Versammelten entgegen, *Blitz in den stickigen Saal!* Ihr Schlußvers erscheint aus dem Ganzen des Gedichts und der Situation Achmatowas als Provokation. War er, der wirkliche Majakowskij, nicht eher vergessen als *vom ganzen Leben bewahrt?* Welches Signal zum Kampf sollte er sein?

Gedichtband und Majakowskij-Ehrung bekundeten, daß die Achmatowa wieder Zutritt zum literarischen Leben haben sollte, aus welchen Erwägungen auch immer. Auch ihre Wiederaufnahme in den Sowjetischen Schriftstellerverband war erfolgt, was Voraussetzung war, gedruckt zu werden und andere materielle Vergünstigungen (Rente, Wochenendhaus, Urlaubsaufenthalte) in Anspruch zu nehmen. Ihre Rente wurde erhöht, eine einmalige finanzielle Unterstützung gewährt. Das Foto auf ihrem Mitgliedsausweis zeigt die einundfünfzigjährige Achmatowa mit streng nach hinten gekämmtem Haar und traurigen, wie kranken Augen. Schriftstellerkollegen nann-

Achmatowas Mitgliedskarte für den Schriftstellerverband der UdSSR

ten die Wiederaufnahme eine gespenstische Farce. Die langen, überschwenglichen Reden der Sekretäre des Verbandes sollten darüber hinwegtäuschen, was man der berühmten Dichterin in den letzten Jahren angetan hatte. Sie war ohne Begründung in die Gemeinschaft der Sowjetschriftsteller zurückgekehrt, so, als wäre nichts geschehen!

In den folgenden Monaten gaben sich Redakteure, Verleger und Reporter bei Achmatowa die Klinke in die Hand und verlangten neue Gedichte. Sie konnte die plötzliche Wende nur schwer verkraften. Sie blieb mißtrauisch, ohne sich aber der Öffentlichkeit zu entziehen. Aus diesem Jahr sind zahlreiche Leseabende in Leningrad und Moskau bezeugt.

Ihr Sohn aber verblieb weiter im Lager, auf die vielen Bittgesuche von Freunden wurde nicht reagiert. Achmatowa hatte mehr denn je das Gefühl ständiger Überwachung. Nicht erst aus einem Manuskript ihrer Freundin Lidija Tschukowskaja wußte sie vieles über den Terror im Land, vor allem gegen Künstler und Wissenschaftler. Tschukowskaja hatte ihr die Erzählung «Sofja Petrowna» vorgelesen. In dieser feinfühligen und kunstverständigen Frau, die wie sie hart vom Terror getroffen war, hatte Achmatowa auch jetzt eine große menschliche Stütze. In kürzesten Abständen besuchte Tschukowskaja sie, man rezitierte ihre und fremde Gedichte, tauschte sich über Sympathien und Antipathien auf literarischem Gebiet aus. Ganz frühe Gedichte Achmatowas wurden in sentimentalen Stunden auswendig gesprochen, was beide perfekt beherrschten. Einer dieser schönen, ganz frühen und in Anthologien selten veröffentlichten Texte sei hier eingefügt:

Der schwarze Gartenweg am Meer
Glänzt unterm Licht der gelben Laternen.
Ich bin ganz ruhig. Nur soll man nicht
Von ihm mir sprechen.
Du bist mein Freund, bist sanft und treu,
wir werden gehn, uns küssen, altern …
Und leichte Monde überfliegen uns
Wie Schneekristalle.[121]
(ohne Titel, 1914; Nachdichtung: Sarah Kirsch)

Aus sechs Büchern enthielt noch keine künstlerischen Reaktionen auf die Kriegsereignisse in Europa seit 1939. Daß die Achmatowa mit Sorge und Angst wahrnahm, was im Westen vor sich ging, zeigen mehrere Antikriegstexte, die später als Zyklus *Das Jahr 1940* erschienen sind. Im Spätherbst 1940 reagierte die Dichterin zum erstenmal – und zwar auf die deutschen Aggressionen in Frankreich und Dänemark sowie auf die Bombardierungen englischer Städte. Zu anderen Kriegsereignissen dieser Jahre sind bisher keine Texte von ihr bekannt geworden.

Am 14. Juni 1940 war Paris der deutschen Wehrmacht in die Hände gefallen. Der Schmerz darüber ließ Achmatowa nicht los. In ihrer Vorstellung überstürzten sich grausige Bilder vom Untergang der geliebten Stadt. Mit der Invasion der Deutschen sah Achmatowa das Ende einer Epoche gekommen. Genauere Untersuchungen über Achmatowas generelles Verhältnis zu Deutschland, zur deutschen Literatur und Kunst liegen bisher nicht vor. Lediglich Lew Kopelew schrieb in einem Beitrag 1988: «Von Deutschland wußte sie weniger als Marina Zwetajewa und Boris Pasternak. Doch Bach und Goethe, E. T. A. Hoffmann und Kafka gehörten unabdingbar zu ihrer Welt. Faust-Gestalt und faustische Motive erscheinen in ihrem letzten großen Werk

Marina Zwetajewa,
Anfang der
dreißiger Jahre

‹Poem ohne Held›.»[122] Sofort nachdem sie das folgende Gedicht geschrieben hatte, las sie es ihrer Vertrauten Tschukowskaja vor:

Wird eine Epoche beerdigt,
Tönt kein Psalm übers Grab.
Brennesseln, Disteln
Werden den Hügel verziern.
Den Totengräbern im Zwielicht
Gehts von der Hand. Und es eilt.
Mein Gott, wie die Stille wächst.
Man hört die Zeit vergehn.
Später schwemmts die Versenkte
Hoch wie eine Leiche im Fluß,
Der Sohn will sie nicht erkennen,
Der Enkel wendet sich ab.
Die Köpfe neigen sich tiefer,
Der Mond wie ein Pendel geht.

Und eine solche Stille
Liegt über Paris, da es stirbt.[123]
(ohne Titel, August 1940;
Nachdichtung: Sarah Kirsch)

Mit diesem Bild des Grauens und der unheimlichen Stille prophe-
zeite Achmatowa den Untergang der europäischen Kultur, für die ihr
Paris als Sinnbild galt. Der Dichterin erschien es künstlerisch über-
flüssig, die Schuldigen mit Namen zu nennen, zumal es in ihren
Überlegungen generell die Diktaturen waren, die die Kontinuität
der europäischen Kulturentwicklung – in Rußland wie in Deutschland und anderswo – zu unterbrechen suchten. Mit welchen An-
sprüchen und Parolen zur Erneuerung der Gesellschaft das auch immer begründet werden mochte, Achmatowa lehnte solche Konzepte
prinzipiell ab.

Als der Luftkrieg gegen die englische Bevölkerung begann, widmete Achmatowa auch den Londonern ein bewegendes Gedicht: *Nur
nicht, was geschieht, nicht das, nicht das,* wehrte sie ab. *Dies zu lesen,
fehlt uns die Kraft.* Für die Dichterin, die eine leidenschaftliche Ver-
ehrerin der Shakespearschen Kunst war, schrieb jetzt *die Zeit mit lei-
denschaftsloser Hand Shakespeares vierundzwanzigstes Drama, das an
Schrecknissen Hamlet, Cäsar, Romeo und Julia oder Macbeth über-*

treffen werde. Im Zyklus *Das Jahr 1940* findet man weitere Anti-kriegsgedichte der Achmatowa, ausgelöst von konkreten Kriegs-ereignissen in der Normandie und in Dänemark. Sie setzten die be-gonnene Prophetie fort: *Ich betret' die verlassenen Häuser / Einst je-mandes warmes Nest / Still ists, nur weiße Schatten / Über fremde Spiegel huschen. / Was ist das im Nebel dort – Dänemark? / Die Normandie? Oder hier das / Wo ich selbst war früher / Sinds die längst vergessnen Minuten, neu?*[124] (ohne Titel, 1940; Übersetzung: Wolfgang Hässner)

Diese Antikriegsverse gehören ganz einer neuen, im Leid gereif-ten Achmatowa an. Sie sind anders als die Masse der damaligen Texte dieses Genres in der sowjetischen Literatur, frei von vordergründiger Anklage und von Eifer, gefaßt, zugleich ohne Hoffnung und Ver-heißung. Und doch, es ist eigenartig: man kann diese Verse nicht als Ausdruck pessimistischer Endzeitstimmung auffassen. Was Achma-towa zu Bildern geformt hat, ist Warnung, drohend fast, im Ton alt-testamentarischer Ermahnungen, kein Jammer, trotz unsäglicher Aussichtslosigkeit. Tschukowskaja meinte dazu, Achmatowa habe sich damals in einem als Begräbnis der Zivilisation empfundenen Zu-stand befunden und in dieser Zeit Scherben zu Dichtung geschmol-zen.

In dieses ungewöhnlich schöpferische Jahr fällt auch der Beginn der Arbeit an ihrem großen, von einigen Literaturwissenschaftlern als ihr Hauptwerk bezeichneten *Poem ohne Held*, das erst gegen Ende ihres Lebens vollendet werden sollte und dem unser übernächstes Kapitel gewidmet ist. In diesem Jahr noch konnte sie aber die Erst-fassung eines anderen Werkes zumindest gedanklich abschließen, des Poems *Requiem* (*Rekviem*).[125] Es existierte jahrelang nur in Achma-towas Gedächtnis, ständig ergänzt, in Teilen verworfen, wieder neu geformt. Der Grund dafür war die thematische Brisanz dieses Textes. Das *Requiem* ist ihrem Sohn Lew gewidmet, zugleich war es aber aus-gewiesen als Klage und Anklage im Namen all derer, die unter dem Stalin-Terror gelitten haben: *Ich war damals bei meinem Volk / Dort, wo es war, zum Unglück, war ich.*[126] Einer Frau, die wie sie in der Schlange vor dem Gefängnis wartete und fragte, ob sie das alles be-schreiben könne, hatte Achmatowa zugeflüstert: *Ich kann.*[127]

Achmatowa verstand ihr *Requiem* nicht als künstlerisch durch-komponiertes, abgeschlossenes Werk im traditionellen Sinne. Sie ließ schon durch die Datierung jedes Textabschnitts den mehrjäh-rigen Entstehungsprozeß des Ganzen und damit den Prozeßcha-rakter des Werkes sichtbar werden. So tragen die Textteile der heu-

Das Kresty-Gefängnis in Leningrad, in dem nach der Revolution von 1917 zu verschiedenen Zeiten Nikolaj Gumiljow, Anna Achmatowas erster Ehemann, der gemeinsame Sohn Lew Gumiljow und Nikolaj Punin, der dritte Ehemann Achmatowas, inhaftiert waren.

tigen *Requiem*-Ausgaben die Jahreszahlen 1935/1939/1940/1940–43/1957 und 1961. Weitere formale Besonderheiten fallen ins Auge: jeder Teiltext ist mit seinem Entstehungsort versehen (zum Beispiel: *zwischen Leningrad und Taschkent*; *in Usbekistan*); jeder Text hat seinen eigenen Titel (zum Beispiel: *Widmung/Das Urteil/Zum Tod/Kreuzigung*); unterschiedliche Strophenformen (vom Distichon bis zum lyrischen Großblock) wechseln miteinander; schließlich finden sich verschiedene Reimarten und auch der Wechsel von Prosa und gebundener Sprache. Diese scheinbar ungeordnete Vielfalt hat eine bestimmte Textfunktion: sie soll, ohne im Text verbalisiert worden zu sein, die Allgemeingültigkeit des gesamten Textes anzeigen; dies um so mehr – sozusagen in einer Spannung dazu – als alle Aussagen des Textes konsequent an das individuelle Leben der Achmatowa und ihrer Angehörigen gebunden sind, ihr Lebens- und Schicksalsweg sich aber in Tausenden von Biographien anderer Menschen vergleichbar wiederfindet. Erst so war sich Achmatowa sicher, daß es Sinn hat, in einem Poem ihren eigenen tragischen Weg in der Sowjetunion Schritt um Schritt offenzulegen.

Anna Achmatowa schafft erschütternde Bilder, die meistens religiösen Traditionen folgen (Kreuzigung/Beweinung). Gestalten, Symbole und Szenen erzeugen eine Atmosphäre des Tragischen und der bleiernen Schwere; sie zeugen von der Verlorenheit der Menschen auf der einen Seite und der unerbittlichen Härte und eisigen Kälte der Macht auf der anderen – einer Macht, gegen die der einzelne weiter nichts vermag, als sich in seiner Würde nicht aufzugeben.

Das *Requiem* ist erstmals 1963 in einer nichtautorisierten russischen Fassung in München erschienen, in der Sowjetunion beziehungsweise in Rußland erst 1989; deutsche Fassungen liegen von Ludolf Müller (München, 1982), von Heinz Czechowski (Berlin, 1987) und Rosemarie Düring (Berlin, 1988) vor. Die folgenden Auszüge mögen einen annähernden Eindruck von der Grundstimmung dieses Werkes vermitteln.[128]

In einem der frühesten Teile des *Requiems* war bereits dessen weiter, ganz Rußland in seiner geographischen wie historischen Dimension einschließende Rahmen gefunden worden: *Und, vor Leid von Sinnen, / Gingen die Trupps der Verurteilten, / Dampfpfeifen schrillten / ihr kurzes Trennungslied. / Todessterne standen am Himmel, / Die unschuldige Rus*[129] *krampfte zusammen / Unter blutigen Stiefeln / Und eisernen Wagenreifen.*[130] (1935; Übersetzung: Wolfgang Hässner).

Stumm leidet das lyrische Ich mit all den anderen Frauen: *Früher Morgen war's, als sie dich holten. / Die Kinder weinten vor Schreck. / Ich folgte dir wie einem Toten. / Die Kerze zerfloß im Eck. / Eiskalt deine Lippen, die blauen, / Schweiß des Todes auf deinem Gesicht. / Wie einst die Strelitzenfrauen / Werd' ich heulen beim Blutgericht.*[131] (1935; Übersetzung: Ludolf Müller)

Im Angesicht des unmittelbar erlebten Schmerzes fleht das lyrische Ich: *Mein Mann im Grab, mein Sohn in Haft, / Ich bitt euch, betet für mich.*[132] (*Einzug 2*) Aber wer sollte die barmherzige Menge sein? Bald ist Selbstanklage zu hören. Sie betrifft die sorglose Existenz in jungen Jahren, freilich in reiferer Diktion als in den frühen Liebesgedichten. Die Dimension ihrer Klage ist verändert, aber die naiv-abergläubischen Hoffnungen von ehedem klingen noch immer an: *Dir, Spötterin, / Favoritin bei allen Freunden. / Dir sorglosen Sünderin aus Zarskoje, / Sollt man es zeigen, was dir geschieht: – / Wie du als Dreihundertste stehen wirst / Unter den Kreuzen mit deinem Päckchen, / In Tränen heiß / Am Neujahrsmorgen das Eis zu schmelzen.*[133] (1939; Übersetzung: Wolfgang Hässner)

Im Hoffen auf ein gutes Ende löst sich ihr Kummer manchmal,

Bilder von der plötzlichen Rückkehr des Sohnes suchen sie heim. Zugleich hört man sie schreien, man sieht sie erniedrigt zu Füßen des Henkers, der Wahnsinn fällt über sie her vom endlosen Warten in den Schlangen:

> Und nichts erlaubt des Wahnsinns Sieg / Mit mir zu nehmen, da ich gehe [...] / Des Sohnes furchtbare Augen nicht – / Den ersten Tag des Unheils nicht, / Nicht jene Wiedersehensstunde [...]. (4. Mai 1940; Übersetzung: Heinz Czechowski)[134]

Schließlich, erst zaghaft, dann immer entschiedener, hört man eine starke Stimme, die sich aus dem allgemeinen Chor zu lösen vermag:

> Ich klag nicht für mich allein,
> Ich klag für alle, die da standen mit mir,
> In grausiger Kälte, in der Sonnenglut des Juli,
> Unter der blindgewordenen roten Mauer.[135]
>
> (Epilog I, 1940; Übersetzung: Wolfgang Hässner)

Alle Opfer möchte sie namentlich aufrufen. Die um den Sohn leidende Mutter, nicht der Sohn, steht im Mittelpunkt. Das lyrische Ich offenbart sich als die Dichterin Achmatowa, meint aber «alle leidenden Mütter und Frauen, meint Rußland und geht schließlich in das Bild der Muttergottes ein; diese letzte Verwandlung bildet den Kulminationspunkt des Poems»[136]. Anklage im Namen von Millionen Opfern wird erhoben. Sollte man, sagt die Dichterin, in diesem Land ihr eines Tages ein Denkmal setzen wollen, dann nur unter einer Bedingung: nicht dort am Meer, in Zarskoje Selo, sondern hier, wo ich dreihundert Stunden gewartet hab und wo sich kein Riegel auftat.[137] (Epilog II, März 1940; Übersetzung: Wolfgang Hässner)

Allein schon thematisch, als erschütternde Anklage einer Mutter gegen ein erbarmungsloses System, gebührt dem Requiem von Achmatowa ein besonderer Platz in der russischen und europäischen Gegenwartsliteratur. Und literaturgeschichtlich ist es darüber hinaus eine originelle Variante, die die russische Poemtradition bereichert: ihr Poem zeigt, wie individuelles Schicksal in einem qualvollen Prozeß übergeht in Leiden mit und in der Gemeinschaft, in Mit-Leiden und Einander-Beistehen.

Die Schreckensnachricht vom Überfall Deutschlands auf die Sowjetunion erreichte Anna Achmatowa in ihrer Heimatstadt Leningrad. Hier war der Krieg gleich in den ersten Tagen in ihrer unmittelbaren

Anna Achmatowa mit den Kindern der Familie Smirnow, ihren Nachbarn im Scheremetjew-Palais, 1940

Nähe. Zum zweitenmal mußte sie einen Krieg erleben, dieses Mal aber viel direkter. Sie wußte wie die Mehrheit ihrer Landsleute, daß es ums Ganze ging. Für das faschistische Deutschland stand die Beseitigung der Sowjetunion, ihre Kolonisierung und Tilgung von der Landkarte auf der Tagesordnung. Achmatowa sah Rußland vom Untergang bedroht. Ihre Gefühle und Mutmaßungen wurden bald durch die Wirklichkeit des Krieges und die Erfahrungen mit dem Feind bekräftigt. Die Leningrader Bevölkerung war durch eine erbarmungslose Blockade besonders hart betroffen. «Kein Surrealist hätte sich etwas ausdenken können, was dem damaligen Leningrad gleichgekommen wäre», heißt es in einem Erinnerungsbuch über Achmatowa.[138]

Achmatowa lebte ab September 1941 aber nicht mehr in der Stadt. Verschiedene Quellen berichten, daß sie sich trotz ihrer Ungeschicktheit in praktischen Dingen sofort zur Verfügung gestellt habe. Sie soll Sandsäcke genäht und gefüllt, sogar Luftschutzdienst geleistet haben. Innerlich war sie zu jeder Art Hilfe bereit. Aber es kam anders. Zusammen mit fast allen Kindern der Stadt wurden auch Wissenschaftler, Künstler und Schriftsteller als «wertvolles Volks-

Überfall Deutschlands auf die Sowjetunion: brennende Gehöfte, Juli 1941

gut» aus der Stadt evakuiert. Achmatowa hat ihr Unbehagen gegen diese Maßnahme, zumindest was ihre Person betraf, nicht verschwiegen. Sie wollte in der Zeit der Not bei ihren Landsleuten in der Stadt bleiben. Das wurde ihr verwehrt. Ihr Unbehagen war nicht nur ehrenwert und Ausdruck eines spontanen, emotionalen Patriotismus, zu dessen Gunsten sie politische Aversionen zurückzustellen bereit war, es zeugte auch von ihrem klaren Blick für die Hintergründe dieser offiziell als humanitär deklarierten Evakuierung von Intellektuellen. Wieso, fragte sich Achmatowa, sollten ausgerechnet Schriftsteller zu den besonders zu Schützenden – wie Kinder, Frauen und Alte – gehören? Ihren Unwillen hat sie nicht ausdrücklich in Texten formuliert; heute steht jedoch fest, daß im Falle Achmatowas eher Mißtrauen und Voreingenommenheit gegenüber ihrer patriotischen Haltung oder gar Angst vor mutmaßlicher Kollaboration mit dem Feind die tatsächlichen Hintergründe für die Zwangsevakuierung nach Mittelasien abgegeben haben.

Bevor Achmatowa den Weg in die Evakuierung antrat, hielt sie noch eine kurze Radioansprache: *Die Stadt Peters, Lenins, Puschkins, Dostojewskijs und Bloks, die Stadt großer Kultur und Arbeit* werde *vom Feind mit dem Untergang bedroht.* Sie, Achmatowa, erstarre bei dem Gedanken, daß ihre Stadt zertreten werden solle. Ihr ganzes Leben sei mit Leningrad verbunden, hier sei sie Dichterin geworden, ihre Dichtung erhalte von hier ihren Atem. Es sei ihr unerschütterlicher Glaube, daß Leningrad niemals faschistisch werden wird. Gewähr dafür böten die mutigen, tapferen Frauen; vor ihnen wolle sie ihr Versprechen der Treue, des Mutes und der Standhaftigkeit ablegen. Sie ging in ihrem Appell davon aus, daß der Hitlerfaschismus in der russischen Kultur samt und sonders «jüdisch-bolschewistisches Untermenschentum» erblickte, das es zu vernichten gelte.[139]

Über mehrere Zwischenaufenthalte vollzog sich im Herbst 1941 für Achmatowa eine endlos lange Reise nach Mittelasien. Sie gelangte über Moskau, die tatarische Provinzstadt Tschistopol, Kasan und Nowosibirsk schließlich am 9. November 1941 in die usbekische Hauptstadt Taschkent. Auf der beschwerlichen Reise haben ihr Schriftstellerkollegen wie Samuel Marschak[140] und immer auch die Tschukowskaja, die mit ihren Kindern unterwegs war, beigestanden. Es wurde die weiteste Reise ihres Lebens. Zum erstenmal kam sie mit der kulturellen und ästhetischen Welt des Orients unmittelbar in Berührung. Taschkent besaß damals noch ganz sein mittelalterliches Aussehen, geprägt von den gigantischen Ruinen islamischer Moscheen, Minarette und Festungsanlagen, von Basaren und Teestuben. Achmatowa war benommen von den exotischen Farben, Klängen und Geräuschen, von der fremden Sprache ringsum und der gleißenden Sonne. Zum Glück gab es unter den vielen Evakuierten einige Freunde und Bekannte. Die Umstellung auf ihre neue Lebenssituation fiel Achmatowa unsäglich schwer. Eine Zeitlang wohnte sie in einem Hotel, wo auch viele ausländische Exilierte nach ihrer Evakuierung aus Moskau untergebracht waren. Später nahm Lidija Tschukowskaja sie bei sich auf, sah sie doch, daß Achmatowa allein nicht gut zurechtkam.

Drei Jahre dauerte das Taschkenter Exil. Es waren für Achmatowa Jahre schwerer seelischer Belastungen. Wohl schrieb sie neue Gedichte, konzipierte Dramen und ein Poem. Vieles interessierte sie an ihrer usbekischen Umgebung, aber die Kriegsnachrichten, die Trennung von ihrer Stadt und die Angst vor neuen Repressalien ließen sie nicht zur Ruhe kommen. Abgesehen davon, daß sie die Mutter eines politischen Strafgefangenen war, stand sie selbst unter dem ständigen Druck, eine verdächtige Person zu sein. Dieses Gefühl wog in der Kriegszeit besonders schwer. Nichts was auch nur die

Markt in Taschkent, Anfang der vierziger Jahre

Spur einer Verdächtigung hätte begünden können, fixierte sie in Taschkent schriftlich. Nur die Tschukowskaja war ihre Mitwisserin, wenn sie etwas Neues geschrieben hatte.

Eine bestimmte Linie ihres Taschkenter Schaffens bilden Gedichte über den Krieg, die in der Regel sofort in Zeitungen erschienen. Später hat sie die Dichterin in den beiden Zyklen *Kriegswind* (*Veter vojny*)[141] und *Mond im Zenit* (*Luna v zenite*) zusammengefaßt. Einige Literaturwissenschaftler waren geneigt, diese Gedichte abzuwerten, meinten sie doch in Stil, Bildsprache und Ton ein Einschwenken der Autorin auf die von der Partei favorisierte Art von Kriegsliteratur zu erkennen. Andere apostrophierten sie als Ausdruck der endlich auch von der Achmatowa vollzogenen «Einheit mit dem Volk». Texte wie *Schwur, Tapferkeit* und andere zeigen aber unseres Erachtens überhaupt keine Neuerungen in Achmatowas lyrischem Sprechen, weder thematische noch formale. Es gibt in ihnen kein übersteigertes nationalistisches Pathos, keine Haßtiraden auf den Feind, keine sentimentalen Töne über Heldentum und Soldaten.

In dem Gedicht *Schwur* heißt es gefaßt und geradezu kalt: *Die heut ihren Liebsten in den Krieg schickt, / Mag ihren Schmerz in Kraft umschmelzen. / Wir […] neigen uns vor unseren Söhnen […] Und*

schwören: keiner wird uns in die Knechtschaft zwingen![142] (1941;
Übersetzung: Wolfgang Hässner). Der in den Kriegsjahren am häu-
figsten zitierte Text *Tapferkeit* ist eher maßvoll in seinem Patriotismus, mit dem die Achmatowa unter ihren Schriftstellerkollegen nicht
allein stand: *Wir wissen, was auf der Waage liegt / Und was heute geschieht. / Unsere Uhr schlug die Stunde der Tapferkeit, / Sie verläßt uns
nicht, wir nicht sie. / [...] Und dich behüten wir, russische Rede, /
Großes russisches Wort. / Und tragen dich, den Enkeln frei und rein
bewahrt, / Und retten dich vor der Gefangenschaft, / Auf immer.*[143]
(23. Februar 1942; Nachdichtung: Rainer Kirsch).

Ihre Antikriegsgedichte haben fast immer mit dem fernen, leidenden Leningrad zu tun. In *Kriegswind* fragt sie: *Die Vögel des Tods im
Zenit. / Wo kommt, Leningrad, der dir hilft? /* Sie muß aber resignie-
rend feststellen: *Doch der Himmel versteint, gnadenlos. / Aus den
Fenstern blickt ER: Der Tod.*[144] Das hatte sie schon am 28. September
1941, im Flugzeug von Leningrad nach Moskau geschrieben. (Nachdichtung: Rainer Kirsch).

Das tödlich bedrohte Leningrad wird ihr zum unerträglichen
Schmerz, wenn sie sich die Kinder vorstellt, die dort hungern und el-
ternlos umherirren – *Petersburger Waisen – / Meine Kleinen ihr! /
Schwer atmet sichs unter der Erde, / Der Schmerz in der Schläfe
glimmt – / Im Bombenhagel höre / Ich eine Kinderstimme.*[145] (ohne Titel, 1942; Nachdichtung: Rainer Kirsch). Tschukowskaja hat in ihren
Erinnerungen über Anna Achmatowa geschrieben: «Mit einem
Kind auf dem Arm nahm sie sofort das Aussehen einer Mutter-
gottes-Statue an, nicht vom Gesicht her, sondern von der ganzen
Haltung, durch ihre schlichte und trauervolle Größe.» Das folgende
Gedicht spielt auf eine tatsächliche Beziehung der Achmatowa zu einem Leningrader Jungen an, von dem sie 1942 nicht wußte, ob er
noch lebte oder wohin man ihn evakuiert hatte. Sie erinnert: *Klopf
an mit den Fäustchen – ich öffne. / Immer ja öffnete ich, / Ich bin hin-
term sehr hohen Berge, / Hinter Gluthitze, Wind und Steppe, / Aber ich
lasse dich nicht ... / [...] Bring ein Zweiglein vom Ahorn, dem schönen, / Oder bring frisch grüne Gräser, / Wie im März im vorigen Jahr.
/ Du bring eine Handvoll eiskaltes / Klares Newa-Wasser nur, / Und
von deinem Köpfchen wasch ich die blutige Spur.* Ihre bitteren Worte
trugen die Widmung: *Zum Gedenken an meinen Nachbarn, den Leningrader Jungen Walja Smirnow.* (ohne Titel, 23. April 1942; Nachdichtung: Rainer Kirsch).[146]

In einem weiteren Text von 1942 rechtfertigt sich die Dichterin für ihr geborgenes Dasein im kriegssicheren Taschkent, wo es Brot gibt und niemand frieren muß, wo nachts keine Sirenen heulen: *Ihr aber, Freunde, letztes Aufgebot! / Mir blieb das Leben, damit ich Euch bewein. / Und nicht als trauernder Baum still überm Tod – / Sondern um Eure Namen in die Welt zu schrein. [...] Und wieder gehn in Reih und Glied die Leningrader, / Lebende, Tote im Rauch: Der Ruhm kennt keine Toten.*[147] (ohne Titel, 1942; Nachdichtung: Rainer Kirsch)

Immer wieder versucht die Dichterin, das in ihrem Gedächtnis verschwimmende Bild ihrer Heimatstadt zu fixieren. Das gelingt ihr am besten da, wo Geschichtliches imaginiert wird, und das ist fast immer von ihr selbst erlebte Geschichte; doch auch die literarisch vermittelte wird für sie lebendig. Einmal wird eine zarte Marmorstatue im Stadtpark ihr zum Gegenüber, es ist eine Symbolisierung der Nacht (*Nox*) und Achmatowa nimmt den Vorgang von deren Eingrabung zum poetischen Anlaß (alle wertvollen Skulpturen und Denkmäler wurden während der Blockade durch Eingrabung geschützt): *Nox, meine Liebe! / Im Sternschleier, du, / Im Trauermohn, mit der schlaflosen Eule …, / Mein Töchterchen! / Wie haben wir dich mit frischer Gartenerde zugedeckt. / Leer sind des Dionysos' Becher jetzt, / Verweint der Liebe Blick. / Am Himmel unserer Stadt – / Deine grausigen Schwestern.*[148] (*Nox*, 1942; Übersetzung: Wolfgang Hässner)

Ein enger innerer Zusammenhang zwischen diesen Antikriegsgedichten und ihrem Zyklus *Nördliche Elegien* (*Severnye èlegi*)[149] ist Ausdruck für den Übergang zwischen Taschkent und Leningrad, der von ihr lange vor ihrer tatsächlichen Rückkehr vollzogen wurde. Von den insgesamt sechs Elegien wurden die erste und zweite zu großen Teilen noch in Taschkent verfaßt. In der ersten klingen Details des Petersburger Lebens im 19. Jahrhundert an. Sie bedürfen zu ihrer Entschlüsselung einiger literatur- und kulturgeschichtlicher Kenntnisse. Zeitweise hieß die erste Elegie *Das Rußland Dostojewskijs*. In ihr werden zeitcharakteristische Details wie Roulette, Plüschsessel, Spiegel in Nußbaumrahmen, Frauenschönheiten wie Anna Karenina mit Dostojewskijs tragischem Schicksal konfrontiert. Dostojewskij tritt als Sträfling von Omsk auf, der alles verstanden hat und über allem sein Kreuz schlägt. Er schwebt gespenstisch über allem, seine Feder kreischt. Viele Verse sind der unheimlichen Situation auf dem Semjonow-Platz gewidmet, wohin der Dichter 1849 zur Scheinhinrichtung geführt worden war. Vertieft man sich in die Details und die Stimmung der Elegie, wird hier der Versuch einer poetischen Anverwandlung der Dichterin an Dostojewskij erkennbar. Es geht

Fjodor Dostojewskij

dabei nicht um eine Unbescheidenheit Achmatowas, eher darum, daß sie in Fragen von Geist und Macht, in der Bedrohtheit des Lebens und Schaffens vergleichbare Situationen in ihrem und in Dostojewskijs Schicksal sah. In dieser Elegie erscheint Leningrad wie eine kostbare Lithographie der Stadt Petersburg aus den siebziger Jahren des 19. Jahrhunderts.

Im Jahre 1955 fügte Achmatowa in den Zyklus eine zweite Elegie ein, die das erste Jahrzehnt des 20. Jahrhunderts unter die Lupe nimmt. Die Dichterin verwirft den nostalgisch geprägten Mythos vom «Silbernen Jahrzehnt». Und – es gab keine rosarote Kindheit für sie, keine schöne Frühlingszeit mit Spielzeug und guten Tanten. Von Anfang an habe sie ihre späteren «Verbrechen» alle vorgeahnt und den ewigen Widerspruch zu ihrer Umwelt. Früh schon war ihr bewußt, daß sie eine Verfemte sein würde, eine Mißverstandene. Je mehr später Lob und Anerkennung gekommen seien, desto schrecklicher sei ihr Leben geworden. Gefängnis, Grab und Irrenhaus – das seien die Orte, wo sie hingehöre. Aber die Folter des Glücks habe gedauert. Bemerkenswert in diesem Resümee ist ihr gedankliches

Spiel mit der mythologischen Figur der Proserpina (Persephone). An dieser Frauenfigur interessierte sie in erster Linie die Doppelgesichtigkeit, die ihr schon bei früherer Ovid-Lektüre ins Auge gefallen war. An Proserpina reizte sie gerade die Widersprüchlichkeit. Sie sah sie als tragische Gestalt, als die Geraubte, Entrissene, aber auch als die schöne, leichtfertige Teufelin, als Luzifers Frau, halb zur Ober-, halb zur Unterwelt gehörend.

In zwei weiteren, ebenfalls in Taschkent entstandenen Elegien dieses Zyklus bewertet sie ihre Ehejahre mit Punin aus ironischer Distanz wie auch alles im Leben überhaupt Versäumte: *Oh, wieviel Stücke habe ich versäumt, / Und immer hob sich ohne mich der Vorhang. / Und fiel herab. Wie vielen meiner Freunde / Bin ich in meinem Leben nie begegnet / Und wieviel Städte hätten mich zu Tränen / Gerührt im Weichbild ihrer Silhouetten.*[150] (*Dritte Elegie*, 2. September 1945; Nachdichtung: Uwe Grüning)

Die vierte, schon in Leningrad nach Achmatowas Rückkehr entstandene Elegie nannte Tschukowskaja das hoffnungsloseste Gedicht der gesamten russischen Literatur:

Die Zeugen dessen, was geschah, sind tot,
Und niemand tauscht mit uns Erinnerungen
Und weint mit uns. Die Schatten gehn und schwinden.
Nicht dürfen wie sie bitten umzukehren,
Denn furchtbar träf uns, kehrten sie zurück.
Einmal erwachen wir, und wir erkennen,
Daß wir den Weg dorthin vergessen haben,
Und laufen, atemlos vor Scham und Zorn,
Zu jenem Haus, – doch wie so oft im Traum –
Ist alles anders: Menschen, Dinge, Mauern.
Und niemand kennt und liebt uns – wir sind Fremde
Am fremden Ort. […]
Und dann erst kommt das Bitterste: wir sehen,
Daß wir in unsres Lebens Grenzen nicht
Jene Vergangenheit zu halten wußten […].[151]
(*Vierte Elegie*, 5. Februar 1945; Nachdichtung: Uwe Grüning)

«Requiem» – Rückkehr und neue Abschiede

Mitte Mai 1944 ging Achmatowas Exil in Usbekistan zu Ende. Sie wurde zunächst nach Moskau ausgeflogen, wo es sie aber nur wenige Tage hielt. Am letzten Maitag traf sie in dem bis zur Unkenntlichkeit verwüsteten Leningrad ein. Nur hierhin zurück hatte es sie all die Jahre in der Ferne gezogen. Das Erlebnis des asiatischen Taschkent aber blieb unauslöschlich in ihren Erinnerungen. Heute kann man sich ihre Eindrücke von dort nur noch schwer vorstellen, denn Taschkent wurde nach dem verheerenden Erdbeben von 1966 in den siebziger Jahren vollständig neu errichtet, mit mehrstöckigen Wohnhäusern, modernen Hotels, einer Universität, großen Plätzen und vielen Grünanlagen. Achmatowa hatte vom alten Taschkent starke ästhetische Eindrücke empfangen. Sie war dort zu neuartigen literarischen Versuchen stimuliert worden. Das Bild dieser Jahre wird aber lückenhaft bleiben müssen, denn die Dichterin hat aus Angst um ihren Sohn verschiedene ihrer Texte vernichtet, ohne sie sich vorher eingeprägt zu haben. Das waren vor allem zwei dramatische Entwürfe, von denen nur Titel und knappe erinnernde Beschreibungen erhalten sind.[152] Auch ihr *Requiem* und eine Fassung des *Poem ohne Held* wurden damals vernichtet, konnten aber vor allem mit Tschukowskajas Hilfe rekonstruiert werden.

Achmatowa war in Taschkent einer anderen Welt begegnet – dem Orient, konzentriert auf engstem Raum. Für ihre Sensibilität war das wie ein Überfall: ungewohnte Klänge, Gerüche und Bilder; Basare, Ausschreier, die seltsame Kleidung, die fremden Gesichter; selbst Sonne, Sterne und Mond waren anders als im geliebten Norden.

Einige dieser Eindrücke wie die Kühle der Innenhöfe, der südländische Sternenhimmel, die Landschaft gelangten als Details in ihre Dichtung. Man darf davon ausgehen, daß Achmatowa von dieser fremden Welt zwar fasziniert, aber nicht generell in eine neue thematische oder ästhetische Bahn gelenkt worden ist. Bekannte bezeugen, daß sie in Taschkent ständig von Heimweh geplagt wurde. Auch asiatische Exotik vermochte nicht dagegen anzukommen. Zu bewußt blieb ihr immer die Situation der Zwangsevakuierung. Gerade dieses Bewußtsein verhinderte eine unvoreingenommene Konzentration auf die orientalische Welt. Die Situation war insgesamt für sie widersprüchlich und unbefriedigend. Kommunikation über Schaffensprobleme fand unter den Exilierten kaum statt. Lektüre war Mangelware. Sicher bezeugt ist nur, daß Achmatowa in Taschkent Michail Bulgakows «Der Meister und Margarita» mit großem Interesse gelesen hat.

Ihr mehrstrophiges Taschkent-Gedicht *Mond im Zenit* (*Luna v zenite*) lebt von den Widersprüchen und Vergleichen zwischen dem Orient und Europa: *Von den dräuenden Plätzen Leningrads, / von den gesegneten Sommerfeldern / hast du mir solch eine Kühle geschickt / Und mit Pappeln geschmückt die Gärten / Und mit Myriaden asiatischer Lampions / meine Trauer behängt?* An anderer Stelle dieses Textes heißt es: *Den dritten Frühling fern von Leningrad. / Den dritten? Und mir scheints der letzte. / Doch nie bis in die Stunde des Todes / Vergeß ich / Wie froh das Plätschern des Wassers im hölzernen*

Michail Bulgakow

Schatten für mich war. / Der Pfirsich hat geblüht, / Der Veilchen Hauch / Stets wonniglich. / Wer traut zu sagen mir ins Gesicht / Ich sei in der Fremde hier.[153] (Übersetzung: Wolfgang Hässner).

Es bedarf sicher nicht unbedingt eigenen Erlebens, um die Faszination vieler poetischer Bilder aufzunehmen, die Achmatowa für Asien, für ihre Gefühle damals gefunden hat: *Es sind deine Luchsaugen, Asien, / Die etwas in mir erspäht, / Die hervorlockten etwas Verborgenes, / Das die Stille gebar, / Das schwer zu ertragen und quälend / [...] Als ob der Vorzeit Gedächtnis wie glühende Lava / mir in das Bewußtsein sank [...].*[154] (ohne Titel, 1945; Nachdichtung: Heinz Czechowski).

In diesem wie in anderen Taschkent-Texten bleibt vieles in der Schwebe; vage deutet sich an, daß Mittelasien etwas Neues für Achmatowas Zeitempfinden brachte: das Gefühl für die Unendlichkeit der Zeit, ihre Unvergänglichkeit, aber auch ihre Trägheit und Gleichgültigkeit. Jedenfalls spürt sie deren Last und Schwere. *Wie Gewitter weit / Rollt Stille, die mein Wort nicht hört – / In rembrandtischen Ecken / versammelt sich die Schwärze / [...] Der Wirtin schwarzer Kater schaut mich an / Wie's Auge der Jahrhunderte.*[155] (ohne Titel, 28. März 1944; Nachdichtung: Heinz Czechowski).

Trotz des sich abzeichnenden Sieges über den faschistischen Aggressor bestand für Anna Achmatowa wie für Millionen ihrer Landsleute kein Grund zum Siegestaumel. Zu grauenhaft war das Durchlebte. Nicht nur lag das Land zu weiten Teilen in Schutt und Asche, nicht nur waren unschätzbare Kulturgüter vernichtet oder geraubt. Auch das im Land allgegenwärtige und in den Kriegsjahren noch verschärfte Zwangsregime, dessen ungezählte Opfer unter allen Schichten der Bevölkerung, die von Stalin initiierten Repressionen gegen zahlreiche Völkerschaften im angeblich freien internationalistischen Sowjetstaat ließen keinen wirklichen Jubel über den Sieg aufkommen.

Als Achmatowa am 31. Mai 1944 in Leningrad aus dem Flugzeug stieg und ihre furchtbar entstellte Stadt wiedersah, war sie trotz aller Vorwarnungen ihrer Freunde tief erschrocken.

Kummer und Leid hatten die Dichterin gezeichnet und vorzeitig altern lassen. Sie war völlig ergraut und hatte sich während des Exils in ihrem Äußeren stark verändert; sie war füllig, ja massig geworden. Allein ihre natürliche Würde war unverändert geblieben.

Achmatowa kam mit der Last der Ungewißheit über das Schicksal ihres Sohnes nach Leningrad. Dieser war im selben Jahr aus Lager-

Das zerstörte Leningrad, 1944

haft und Verbannung in ein Strafbataillon an die Front entlassen worden. Der Krieg war zwar nun für Achmatowa in weiter Ferne, aber
noch nicht zu Ende. Würde Lew überleben? In einem Strafbataillon
war diese Chance minimal. Die Mutter wußte nicht einmal, wo er war.

Es sah zunächst so aus, als würde sich nach dem militärischen
Sieg Achmatowas Leben doch endlich zum Guten hin wenden. Aus
Taschkent hatte sie immerhin eine kleine, dort erschienene Ausgabe

alter und neuer Gedichte mitgebracht, neue wichtige Texte im Kopf und viele Pläne. Hunderttausende ihrer Landsleute hofften ähnlich wie sie, daß nun endlich die Zeit der Ängste und Schrecken, durch den unerbittlichen Feind diktiert, der Vergangenheit angehören würde.

Aber es kam anders. Die Hoffnungen Achmatowas, wie die vieler ihrer Schriftstellerkollegen, gingen nicht auf. Sowohl Pasternak, der sich vom Sieg der Sowjetunion ergriffen zeigte und eine neue Ära der historischen Existenz Rußlands voraussagte, als auch Konstantin Simonow, der Beeindruckendes über den Krieg geschrieben hatte und auf eine Liberalisierung, vor allem engere Kontakte mit der progressiven Intelligenz des Westens hoffte, sahen sich bald tief enttäuscht. Oder sollte man sie Schwärmer nennen?

Im Jahre 1944 war Andrej Shdanow neuer Sekretär für Kulturpolitik im Zentralkomitee der KP geworden. Man weiß heute sicher, daß er es war, der dafür gesorgt hat, daß die bis dahin verfemte Anna Achmatowa, einer Weisung Stalins folgend, wieder als «bedeutende patriotische Sowjetschriftstellerin» in der Öffentlichkeit bezeichnet werden sollte. Ein landesweites Klima der Achtung für sie als Leningrader Patriotin sollte verbreitet werden. Schon bald kam es zu Lesungen und bis 1946 sogar zu verschiedenen Ehrungen Achmatowas und bewegenden Auftritten in der Öffentlichkeit Leningrads und Moskaus. Achmatowas Würde, das Charisma einer unerschütterlichen Festigkeit und Härte trotz unermeßlichen Leids, auch ihre immer wieder mahnenden Worte zur Besinnung auf die großen Traditionen Rußlands – das paßte in den ersten Monaten nach Kriegsende noch gut ins Bild vom Sowjetschriftsteller und Sowjetmenschen, der unter größten persönlichen Opfern und Entbehrungen und mit eiserner Disziplin den Sieg über die braune faschistische Pest errungen hatte; der damit auch propagandistisch wirksam als Retter europäischer Kultur und des Humanismus darzustellen war. Im Bild der Achmatowa klang all das in scheinbar idealer Weise zusammen.

Die Dichterin hat sich aber von der absurden Kehrtwendung der Politik ihr gegenüber nicht täuschen und verführen lassen, wie aus Selbstzeugnissen und Erinnerungen ihrer engsten Freunde bekannt ist. Daß sie nach allen persönlich erlittenen Repressalien und Ungerechtigkeiten ernsthaft an eine grundsätzliche gesellschaftliche Wende glaubte, ist völlig unwahrscheinlich. Immer wieder wird beschrieben, daß sie offizielle Ehrungen generell mit Ironie aufnahm, was ihrem ganzen Wesen auch am ehesten entsprach.

Kurzzeitig gab es in der Sowjetunion nach dem militärischen Sieg über den Faschismus eine gewisse Lockerung in den Beziehungen zu den anderen Ländern des siegreichen alliierten Militärbündnisses. Dies brachte Anna Achmatowa eine zugleich anregende wie verhängnisvolle Begegnung: in Leningrad traf sie in ihrer Wohnung zweimal mit dem britischen Philologen und Philosophen Sir Isaiah Berlin zusammen, der als Berater des britischen Botschafters in der Sowjetunion tätig war. In Riga geboren, beherrschte dieser die russische Sprache und interessierte sich außerordentlich stark für russische Literatur. Die Folgen seiner beiden Kurzbesuche bei Achmatowa würde man allerdings überschätzen, wenn man glaubt, er sei der Spiritus rector für die späteren internationalen Auszeichnungen gewesen, die Achmatowa in den sechziger Jahren bekommen sollte. (Man sprach damals sogar vom Nobelpreis für sie.) Auch die rigorose Abrechnung mit Achmatowa noch im Jahre 1946 durch die sowjetischen Parteiorgane kann nicht ursächlich auf ihre Kontakte mit Isaiah Berlin zurückgeführt werden, obwohl Achmatowa selbst einen solchen Zusammenhang nicht nur einmal betont hat. Viel wichtiger aber ist, daß Isaiah Berlin Achmatowas poetische Leistung außergewöhnlich hoch bewertet hat, geradezu überschwenglich. Achmatowa sei «eine Dichterin von göttlicher Begabung und eine als Märtyrerin ihrer Zeit herausragende Figur» gewesen, erklärte er. Sie gehöre zu den größten Dichtern, die die russische Literatur seit der Revolution von 1917 hervorgebracht habe.[156]

Isaiah Berlin beeindruckte seinerseits die Achmatowa durch seine Persönlichkeit und sein literarisches Wissen und regte ihre Phantasie stark an. In den folgenden Jahren bis zu ihrem Tode taucht er in wichtigen ihrer Dichtungen als lyrisches Gegenüber auf. Vor allem im *Poem ohne Held* findet sich ein vieldeutiges Bild ihrer inneren Beziehungen zu diesem Mann, wie im folgenden Textauszug zu erkennen ist:

Will nicht länger mehr Eis sein vor Furcht und Gewimmer,
Ruf mir lieber die Bachsche Chaconne in mein Zimmer,
Und dann wird erscheinen ein Mensch.
Nicht zur Ehe will ich ihn gewinnen,
Doch wir zwei werden etwas vollbringen,
Das dieses Jahrhundert beschämt.
Vielleicht wollt in ihm ich jenen nur denken,
der einem geschenkt wird von den Sakramenten,

Durch die man das Bitterste teilt.
Zu mir in das Haus mit dem Springbrunnen kommen
wird er zu spät, wenn, im Nebel verschwommen,
Die Nacht ihren Neujahrswein trank.
Den Dreikönigsabend behält er im Herzen.
Den Ahorn vorm Fenster, die Hochzeitskerzen,
Den Flug des Poems in den Tod ...
Doch wird er den ersten Flieder noch bringen,
Kein süßes Flehen und auch nicht die Ringe,
Nur Verderben bringt er mir mit.[157]
(*Poem ohne Held, Dritte und letzte Widmung*, 1956;
Nachdichtung: Heinz Czechowski).

Aber auch schon im Dezember 1945, kurz nach Isaiah Berlins Ab-
reise aus Leningrad, waren in der Literaturzeitschrift «Leningrad»
unter dem italienischen Titel *Cinque*[158] fünf Liebesgedichte erschienen, in denen Achmatowa ihre Begegnung mit Isaiah Berlin poetisch
verarbeitet hat. Anatolij Naiman, ihr Sekretär und Vertrauter in den
sechziger Jahren, ist sich sicher, daß die Dichterin immer wieder ihr
poetisches Spiel mit dieser Beziehung getrieben hat, zwischen Ernst

Sir Isaiah Berlin

und Gefahr: *Nie seit ich mich erinnre wollt ich / bedauert werden – heut / Von deinem Mitleid einen Tropfen, / Geh ich, die Sonne im Leib. / Darum also Morgenrot ringsum, / Geh ich, schaff Wunder, / Aus diesem Grund.*[159] (*Cinque 3*, 20. Dezember 1945; Nachdichtung: Rainer Kirsch)

Stilisierungen von Sentiment und Elegie sind nicht zu überhören. Der fragend-ironische Ton des Blok-Zitats am Gedichtbeginn «Zeigt sich das Jenseits mild?» unterstreicht deutlich, daß noch ein Jahrzehnt später die Anziehungskraft dieser Beziehung nicht erloschen war: *Prophetisch oder nicht war dieser Traum ... / Der Mars erstrahlte zwischen allen Sternen, / Glutrot geworden, funkelnd, unheildrohend – / Doch ich in jener Nacht erträumte dich.* Ihr Schwärmen wird maßlos: *Du warst in allem ... Warst in Bachs Chaconne, / Warst in den Rosen, die umsonst erblühten, / Warst in den Dörfern selbst im Glockenton / Über der Schwärze aufgepflügter Erde.*[160] (*Die Heckenrose blüht. Aus einem verbrannten Heft, Nr. 6*; Nachdichtung: Heinz Czechowski)

Wenige Jahre vor ihrem Tod widmete sie schließlich mit dem Vergil-Vers «Gegen meinen Willen, Königin, habe ich dein Land verlassen» erneut ein Gedicht dieser Beziehung: *Erschrick nicht – denn ich kann in dieser Stunde / Uns beide ähnlich sehen wie noch nie. / Ob du ein Geist bist, ein Passant – aus irgendeinem Grunde / Bewahr ich deinen Schatten auf, denn sieh: / Du warst nicht lange damals mein Aeneas. / Ein Scheiterhaufen reichte für mich aus. / Ja, wir verstehen es, uns zu verschweigen. / Vergessen hast du mein verfluchtes Haus. / Du hast vergessen die in Qual und Grauen / Durchs Feuer ausgestreckten Hände ...*[161] (ohne Titel, 1962; Nachdichtung: Heinz Czechowski)

Es waren nur wenige Monate der Hoffnung vergangen, als im August 1945 ein neuer niederträchtiger Anschlag auf Achmatowas Ansehen als Dichterin und Persönlichkeit erfolgen sollte. Unter Stalins persönlicher Regie kam es zu einer Kampagne gegen Achmatowa und weitere Leningrader Schriftsteller und Verleger. In der Wahl Leningrads lag eine besondere Infamie: sie war Ausdruck der lebenslangen Unsicherheit und Aversion Stalins gegenüber der meist kritischen künstlerischen und wissenschaftlichen Elite des Landes, die in Leningrad ihre wichtigste Heimstatt hatte. Eingeleitet wurde diese Kampagne mit dem Beschluß des Zentralkomitees der KPdSU «Über die Zeitschriften ‹Swesda› und ‹Leningrad›» vom 14. August 1946.[162]

Dieser Beschluß konstatierte, daß die Redaktionen der beiden in Leningrad erscheinenden Literaturzeitschriften völlig unbefriedigend geführt würden, daß in letzter Zeit viele «ideenlose, ideologisch schädliche Werke» erschienen seien. Als erster wurde der Satiriker Michail Soschtschenko gerügt[163], der sich darauf verlegt habe, «üble Ideenlosigkeit, Banausentum und politische Enthaltsamkeit zu propagieren, der nichtige, inhaltlose und abgeschmackte Machwerke fabriziert, durch die unsere Jugend desorientiert und ihr Bewußtsein vergiftet werden soll»[164].

Beschimpfungen wie «obzönes Pasquill», «fade, niederträchtige Seele», «verkommene gesellschaftlich-politische und literarische Physiognomie», «Hohlkopf», «Gauner» gingen auf den bekannten Satiriker und Humoristen nieder.

Diesen Schmähungen folgten «Charakteristika» der Achmatowa: «Achmatowa ist die typische Vertreterin einer unserem Volk wesensfremden, leeren, ideenlosen Poesie. Ihre vom Geist des Pessimismus und der Depression durchdrungenen Gedichte bringen den Geschmack der alten Salonpoesie zum Ausdruck.»[165] Die globalen Beschuldigungen gipfelten darin, sie habe Liebedienerei gegenüber dem Westen und Ausländerkult betrieben. An die Adressen der Redakteure, bekannte Schriftsteller jener Zeit, gerichtet, hieß es, sie hätten vergessen, daß Literaturzeitschriften politische Erziehungsinstrumente seien. Mangelnde politische Wachsamkeit, Liberalismus und Kumpanei waren weitere Vokabeln des Beschlusses, der zu unverzüglichen Maßnahmen verpflichtete: sofortige Einstellung der Tätigkeit der Zeitschrift «Leningrad», Publikationsverbot für Soschtschenko, Achmatowa und «ihresgleichen», Ersetzung des Chefredakteurs der verbleibenden Zeitschrift «Swesda» durch einen Parteifunktionär aus Moskau (!).[166]

Der zuständige ZK-Sekretär für Kultur, Andrej Shdanow, erläuterte in einer mehrstündigen Brandrede[167] vor den Mitgliedern des Schriftstellerverbandes die Beschlüsse der Parteiführung. Uneingeweihten erscheinen die unflätigen Beschimpfungen und schamlosen Lügen dieser Rede heute kaum nachvollziehbar. Aber sie wurden seinerzeit, wie ausdrücklich im Protokoll vermerkt, mit «stürmischem Beifall» und Erheben von den Plätzen aufgenommen.[168] Entgegen den Tatsachen reihte Shdanow die Achmatowa «als Vertreterin des reaktionären Obskurantismus und des Renegatentums in Politik und Kunst», ja gar unter die Emigranten wie Dmitrij Mereshkowskij, Sinaida Hippius, Fjodor Sologub und Andrej Belyj ein.[169] Sodann folgte die «Bewertung» ihrer Dichtung und Person. Sie wolle nichts von ihrem Volk, dessen Nöten und Interessen wissen. Kennzeichnend für ihre Lyrik seien Wolkenferne, religiöse Mystik und Dürftigkeit.

Andrej Shdanow

Esoterische Motive wie Sehnsucht, Tod und Verhexung, dunkle Töne und Hoffnungslosigkeit dominierten in ihr. Achmatowa sei eine Scherbe der unweigerlich untergegangenen Adelskultur. «Sie ist halb Nonne, halb Dirne, oder richtiger Dirne und Nonne, bei der sich Unzucht und Gebet verflechten.» [170] Als Beispiel für die «Widerwärtigkeit» ihrer Dichtung zitierte Shdanow im Referat die folgenden Verse ihres Gedichtes von 1921: *Nun ist alles geplündert, zerrissen. / Wie der Tod vorüberstiebt! / Unsere Schwermut hat alles zerbissen. / Daß es Helligkeit da noch gibt!* (Juni 1921; Nachdichtung: Kay Borowsky) [171]

Das Gedicht war einer Petersburger Bekannten – Natalja Rykowa – gewidmet, bei der Achmatowa 1919/20 gewohnt hatte, die Devastation des ehemaligen Zarensitzes Zarskoje Selo vor Augen.

Achmatowas Ausschluß aus dem Schriftstellerverband erfolgte unverzüglich, und das bedeutete zugleich Berufsverbot. Ihre beiden zu dieser Zeit bereits in einer großen Auflage gedruckten Gedichtbände wurden eingestampft. Der Parteibeschluß mußte jahrelang in allen Bildungseinrichtungen «studiert» werden. Die schärfsten Verfechter des Beschlusses wollten gar den Entzug der Lebensmittelkarten für Achmatowa erreichen, was dank der Bemühungen ihrer Freunde nicht gelang.

Es muß nach all diesen Niederträchtigkeiten auch angenommen

werden, daß die Verantwortlichen darauf eingewirkt haben, Achmatowas Sohn für die unterstellte Unbotmäßigkeit seiner Mutter erneut zu strafen, um sie damit zu quälen. Lew Gumiljow wurde, wie man heute weiß, nach dem Krieg für alles, was man Achmatowa vorwarf, völlig unschuldig viele Jahre lang seiner Freiheit beraubt. Dieses sippenhaftartige Unrecht traf einen hochbegabten Mann, der sich mit bewundernswerter Energie und Beharrlichkeit gegen alle Gemeinheiten und Demütigungen zu behaupten wußte. Nach seiner Demobilisierung setzte er seine in den zwanziger und dreißiger Jahren begonnenen Studien zur Geschichte Mittelasiens fort, schrieb eine Dissertation «Zur politischen Geschichte des 1. Turk-Khanats 546–659» und promovierte 1948 an der Leningrader Universität.

Man kann heute mit Fug und Recht sagen, daß der Sohn im unwürdigen Spiel gegen die Mutter benutzt wurde, um sie an ihrer empfindlichsten Stelle zu treffen. Diese Strategie wurde besonders nach dem Krieg konsequent fortgesetzt. Am 6. November 1949 verhaftete man Lew Gumiljow erneut und verurteilte ihn nach einjähriger Untersuchungshaft zu zehn Jahren Arbeitslager in Sibirien (Omsk, Karaganda). Seine Energie blieb jedoch ungebrochen. Er vertiefte während der Haft seine persischen Sprachkenntnisse und schrieb ein Manuskript zur Geschichte der Hunnen. Außerdem arbeitete er zur

Anna Achmatowa und Boris Pasternak, 1946

mittelalterlichen Geschichte der Türken. Nach seiner Rehabilitierung wurden diese Arbeiten Ende der fünfziger Jahre die Grundlage für seine Berufung zum Professor. Diese Rehabilitierung erfolgte allerdings nach jahrelangen Eingaben und Bemühungen von Alexander Fadejew, Ilja Ehrenburg, Alexej Surkow[172] sowie Wissenschaftlern der Universität erst nach dem XX. Parteitag der KPdSU 1956.

Anna Achmatowa wartete als Mutter Monat für Monat in den Schlangen vor dem Innenministerium, um das erlaubte Paket und eine Geldsendung für den Sohn abzugeben. Dazu waren meistens Reisen nach Moskau erforderlich.

Noch zu Lebzeiten des Diktators schrieb die Achmatowa, dem Rat von Freunden folgend, einige Lobgedichte[173], in der Hoffnung, Stalin damit in der Angelegenheit ihres Sohnes umzustimmen. Über diese Gedichte gibt es bis heute Verwunderung, denn sie fallen völlig aus dem Rahmen von Achmatowas bisheriger Manier. Sie sind ganz in der offiziell gewünschten Art verfaßt, demonstrativ und plakativ. In ihnen besingt Achmatowa die Unbesiegbarkeit des sowjetischen Menschen, die Kraft seines Willens, mit der er den Pamir versetzen könne, jeden beliebigen Fluß umleiten, ja durch den er der *wirkliche Herr des Lebens, Gebieter über Flüsse und Berge*[174] geworden sei. Ihr Land sei ein Land der Hoffnung, des Friedens, in dem die Stimme der Dichter erklinge und der Rhythmus der ruhigen, friedlichen Arbeit. In einem anderen Text findet man einen Toast auf die jungen Wälder, gepflügten Felder, die lärmenden Kinder und die freien Völker. Im Gedicht *An Moskau*[175] leuchtet die rote Sonne, Arbeitssirenen ertönen, und die roten Kremlmauern zeigen den Weg. Schließlich schreibt Achmatowa ein Geburtstagsgedicht für Stalin (*Der 21. Dezember 1949*), in dem sie ihn als Retter, Lehrer und Freund im hohen Kreml besingt, der mit *Adleraugen* wacht: *Wir sind gekommen, es zu sagen: Wo Stalin ist, da ist Freiheit, Frieden und Größe des Landes.*[176]

Schwülstigkeit und Falschheit dieser Texte waren so offensichtlich und demonstrativ als Persiflage auf die opportunistischen Gedichte ungezählter Tagesschriftsteller gemacht, daß keiner ihrer wirklichen Freunde und der Kenner ihres Werkes sie für bare Münze nehmen konnte. Daß Achmatowa sich nun mit den in Riesenauflagen verbreiteten Gedichten auf die Sowjetmenschen, auf den Frieden, auf ein Pionierlager und auf Stalin doch noch dem allgemeinen Ton untergeordnet haben sollte, konnten im Grunde nicht einmal ihre literarisch weniger erfahrenen Leser annehmen. Aber ganz sicher war sich Achmatowa darin nicht: Ihre Zweifel führten sie immer wieder zu Selbstvorwürfen – manchmal fürchtete sie, ihrem Sohn einen Bärendienst erwiesen und seine Freilassung verzögert zu haben. Zur Rechtfertigung ihres Verhaltens suchte sie literaturgeschichtliche Parallelen und fand eine solche zum Beispiel in Gawrila Dershawins Ode an die Zarin Katharina II.[177] Die Auswirkungen ihrer poetisch-politischen Provokation waren jedenfalls zwiespältig: auf der einen Seite mußte Achmatowa noch Jahre auf die Haftentlassung ihres Sohnes warten, auf der anderen erfolgte gleich nach den Veröffentlichungen ihre zweite Wiederaufnahme in den Schriftstellerverband, wodurch sie das Recht auf Arbeitsmöglichkeiten als Schriftstellerin bekam, eine bessere Wohnung und medizinische Hilfe.

Die beschriebenen Ausgrenzungen und Demütigungen, die ganze individuelle Situation der Achmatowa, mehr oder weniger im Blickfeld Stalins, geben eine stringente Erklärung für ihr pragmatisches Verhalten auf höchst gewagter Ebene: der bewußten Verletzung eigener künstlerischer Ansprüche.

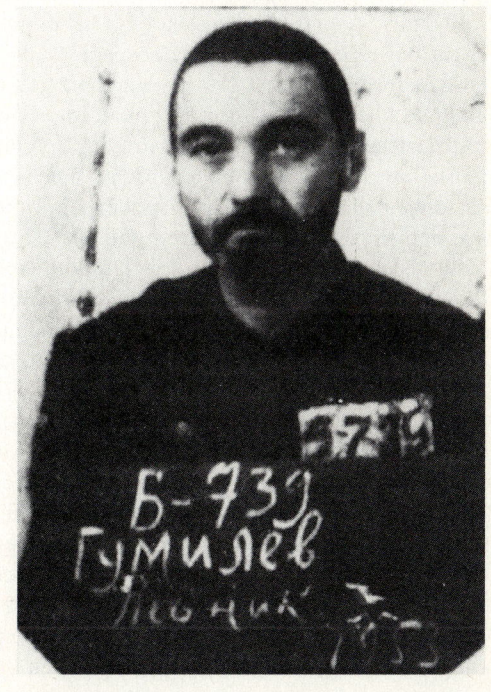

Foto des inhaftierten
Lew Gumiljow, 1953

Dazu kommt, daß natürlich auch bei anderen ihrer Tätigkeiten pragmatische Aspekte mitspielen, so bei ihrer seit den dreißiger Jahren intensiv ausgeübten Übersetzungstätigkeit fremdsprachiger Lyrik. Eine sowjetische Werkausgabe vermittelte 1986 erstmals eine Vorstellung von Umfang und Spannweite dieser Tätigkeit bei ihr.[178] Achmatowa hat diese, wie sie es nannte, harte Arbeit vorrangig als «Broterwerb» gesehen.

Übersetzungen, in der Regel vermittelt von Freunden in den Redaktionen, bildeten eine sehr wichtige materielle Lebensgrundlage während der langanhaltenden Publikationsverbote ihrer eigenen Lyrik. Sie erlaubten ihr auch die monatlich gestatteten Geldzuwendungen an den Sohn im sibirischen Arbeitslager. Lyrikübersetzungen gehörten also sowohl zu ihrem individuellen Profil, wie sie auch für die meisten anderen sowjetischen Lyriker aus den verschiedensten materiellen und ideellen wie psychologischen Gründen unverzichtbar waren.

Anfang der dreißiger Jahre begann Achmatowa, Rubens-Briefe und Gedichte armenischer Poeten zu übersetzen. Im Taschkenter Exil dann waren es die Klassiker der usbekischen Literatur. «Soweit es für uns feststellbar ist bis jetzt», heißt es in der erwähnten Werkausgabe, «hat Achmatowa in den fünfziger und sechziger Jahren, hauptsächlich auf der Grundlage von Interlinearübersetzungen, fast 150 verschiedene Dichter aus dreißig Sprachen übersetzt.»[179] Mit Ausnahme deutscher und englischer Dichtung finden sich Übersetzungen aus fast allen europäischen Literaturen bei ihr, besonders aus den slawischen Literaturen und von Texten der verschiedenen Völker der multinationalen Sowjetunion. Neben ihrer Sorgfalt bei diesem «täglichen Dienst» sind auch ihre Warnungen und Befürchtungen gegenüber jüngeren Dichterfreunden wie Joseph Brodsky hervorhebenswert, daß ein zu tiefes Eindringen in fremde Dichtung die eigene Imaginationskraft stören, ja zerstören könne.

Der Verweis auf Achmatowas ausgedehnte Übersetzertätigkeit wirft ein bezeichnendes Licht auf die in allen Literaturen herrschende Sorge um die materielle Existenz von Lyrikern. Zugleich relativiert er auf spezifische Weise das verbreitete Argument von Achmatowas praktischer Unbeholfenheit, von ihrer sogenannten Lebensuntüchtigkeit. Mit ihren Lyrikübersetzungen hat Achmatowa auch in den schlimmsten Zeiten ihrer Isolierung vom literarischen Leben Verbindung mit ihm gehalten und auf Dauer den kulturellen Annäherungsbemühungen zwischen den nationalen Literaturen gedient.

«Poem ohne Held»?

Sie können sich nicht vorstellen, wieviel wilde und lächerliche Auslegungen diese «Petersburger Erzählung» erzeugt hat, klagte Achmatowa in einem fiktiven Brief 1955 angesichts feindseliger Reaktionen auf ihr *Poem ohne Held (Poema bez geroja),* das sie in frühen Fassungen schon in Taschkent vor Freunden rezitiert hatte. *Am strengsten urteilen meine Altersgenossen, deren Anschuldigungen in Taschkent Herr X. formuliert hat.* Nach Aussagen von Teilnehmern einer Lesung soll das der dem Modernismus nahestehende Kunsthistoriker A. M. Efros gewesen sein. *Er sagte, ich trüge irgendwelche alten Rechnungen mit meiner Epoche (des ersten Jahrzehnts) aus und mit Leuten, die nicht mehr da seien beziehungsweise nicht mehr antworten könnten. Für jene, die diese Rechnungen nicht kennen, sei das Poem unverständlich und uninteressant. Andere, besonders Frauen, meinten, das Poem ohne Held sei Verrat an ihrem früheren ‹Ideal› und – was noch schlimmer sei – eine Bloßstellung, eine Beleidigung meiner früheren Verse (zum Beispiel in ‹Rosenkranz›), die sie so liebten […].*[180]

Einer derart dezidierten und offenen Ablehnung dieses Spätwerkes der Achmatowa begegnet man heute kaum mehr; das Poem hat dennoch längst noch nicht allgemeine Anerkennung gefunden, weder als Höhepunkt im Schaffen der Dichterin noch als herausragendes Werk der russischen Literatur des 20. Jahrhunderts.

Für den deutschen Leser muß man einräumen, daß Schwierigkeiten bei der Aufnahme des Werkes nicht so sehr mit sprachlichen Barrieren zusammenhängen – es gibt unterdessen beachtenswerte Nachdichtungen des Poems von Heinz Czechowski, Uwe Grüning, Sarah und Rainer Kirsch sowie Irmgard Wille[181] –, sondern eher mit der Eigenart des an Assoziationen reichen Textes und dem heute geringen Ansehen des Genres Poem in Deutschland, wo es faktisch keinen Platz mehr in der Gegenwartsliteratur besitzt. Nachschlagewerke definieren Poem ziemlich einhellig als «meist abfällige Be-

zeichnung für längere Dichtungen», dessen frühere Traditions-
linie (etwa Clemens Brentano, Conrad Ferdinand Meyer, Heinrich
Heine) abgerissen oder zu Roman und Novelle mutiert sei.[182]

Das Verständnis von Achmatowas Poem ist ohne Zweifel an wei-
terentwickelte literarische Bildungsvoraussetzungen und Erfahrungen gebunden – an das Wissen um Gattungstraditionen, an sehr viele
biographische, weltliterarische und kulturgeschichtliche Kenntnisse.
Achmatowa tritt mit dem *Poem ohne Held* in eine bis zu ihrer Zeit
beinahe ungebrochene Geschichte des russischen Poems ein und ver-
leiht ihm ein postmodernes Gesicht. Sie besinnt sich auf geschichtsphilosophische, menschheitsgeschichtliche und psychologische Dimensionen des Poems, wie sie von Alexander Puschkin über Michail
Lermontow bis hin zu Alexander Blok und Wladimir Majakowskij
erschlossen wurden. Das geschieht in einer eigenwilligen, modernen
Mischung – dem Poem wird bei Achmatowa ein bis dahin nicht üb-
licher Freiraum für ein immens heterogenes, subjektives Potential an
Assoziationen eröffnet. Es verliert dabei alles, was an eine «runde»,
erzählbare und epische Fabel erinnert. Wie Achmatowa sagte, liegt
seine Spezifik in seiner grenzenlosen Heterogenität, die allein vom
Horizont und den Maßgaben des lyrischen Subjekts bestimmt wird.

Seit ihrem fünfzigsten Lebensjahr hat dieses Werk sie bis zu ihrem Tod wie eine Krankheit immer wieder heimgesucht, und als
fertig hat sie es niemals angesehen. *Es hat in sich Ereignisse und
Gefühle verschiedenster Zeitebenen aufgenommen, und jetzt, wo ich
mich endlich von ihm freigemacht habe, sehe ich es völlig einheitlich
und geschlossen.*[183] (Achmatowa, *Über das Poem*, 1959) Die Werk-
geschichte des Poems weist aus, daß Achmatowa es in den letzten
Dezembertagen 1940 begonnen hat. Sie glaubte allerdings manchmal, daß sie den Einfall bereits im Februar oder Oktober 1917 gehabt habe. *Zum ersten Male kam es zu mir in das Fontannyj Dom
[…], nachdem es schon im Herbst ein kleines Stück […] als Vorboten
geschickt hatte. Ich hatte es nicht gerufen. Ich hatte es nicht einmal er-
wartet an jenem kalten und dunklen Tag meines letzten Leningrader
Winters.*[184]

In ihrem *Statt-Vorwort* steht die Widmung der Autorin: *Dem An-
denken seiner ersten Zuhörer, meinen Freunden und Mitbürgern, die
während der Belagerung den Tod gefunden haben.*[185] Sie höre deren
Stimmen, und dieser unsichtbare Chor sei ihr Rechtfertigung für das
Poem. Das wurde 1943 in Taschkent geschrieben; anderthalb Jahre
danach, in Leningrad: Einige Leute hätten ihr geraten, das Poem

Aus dem «Poem ohne Held»

verständlicher zu machen, sie aber weise das demonstrativ zurück, denn ihr Poem enthalte keinerlei dritten, siebten oder neunundzwanzigsten Sinn. Es folgten in den nächsten Jahren neue Widmungen und Erklärungen. Sie bezeugen die Diskontinuität des Entstehungsvorgangs dieses eigenwilligen Werkes. Suche und Versuche haben sich in den Text eingeschrieben. Russische Philologen haben mit Akribie alle erdenklichen Hinweise auf Wirklichkeit im Poemtext entschlüsselt. Dabei kommt auch eine Fülle an Mutmaßungen mit ins Spiel. Bereits an der ersten Widmung des Poems läßt sich das demonstrieren.

Die Assoziationen dieser Widmung betreffen den jungen Dichter Wjatscheslaw Knjasew, der 1913 wegen unerwiderter Liebe zu der Tänzerin Olga Glebowa-Sudejkina Selbstmord begangen hatte. Sie beziehen sich nicht weniger aber auch auf dessen Freund Michail Kusmin, einen der Mitbegründer der akmeistischen Richtung in der «Dichterzunft».[186] Schließlich wird vermutet, daß auch Ossip Mandelstam mit dieser Widmung gemeint sein kann. In die zwölf Verse dieses Textes ist eine Fülle biographischer und literarischer Fakten eingeschrieben, Erinnerung an viele Künstlerkollegen, und das in freizügiger, «willkürlicher» zeitlicher Schichtung und verschiedensten Brechungen. Diese Konstruktion deutet das kreative Prinzip ihres Werkes insgesamt an und zeigt, daß es zu entschlüsseln durchaus bedeutet, einen dritten, siebten und hin und wieder sogar einen neunundzwanzigsten Sinn zu suchen.

Achmatowas zweite Widmung gilt dann ihrer langjährigen Freundin, der Tänzerin Olga Glebowa-Sudejkina. Sie wird eine Schlüsselfigur des Poems und repräsentiert für die Dichterin die ideale, vollendete Frauenpersönlichkeit. Zugleich sah sie in ihr die Symbolfigur für die Realität und die Atmosphäre des Kunstlebens in Petersburg vor dem Ersten Weltkrieg und der Oktoberrevolution. Achmatowa reicherte ihre Gestalt mit Zügen der antiken Figur der Psyche an, die die Sudejkina in zwei Balletten 1913 getanzt hatte. In diesen Stücken war es zusätzlich zu einer künstlerisch komplizierten Kontamination zweier Figuren gekommen: der Psyche und der Putanniza (Verwirrerin). Die lange zweite Widmung von 1945 enthält auch erstmalig Todesgedanken der sechsundfünfzigjährigen Achmatowa, ausgelöst durch den Tod der Freundin Glebowa-Sudejkina, die mit sechzig Jahren 1945 in ihrem Pariser Exil gestorben war.

Die Entschlüsselung schließlich der *Dritten und letzten Widmung* (*1956*)[187] schafft einen weiteren Zugang zum Poem. Die Forschung hat hier Achmatowas Assoziationen in Zusammenhang mit dem erwähnten britischen Philosophen Isaiah Berlin gebracht. In mystischer Übersteigerung sah Achmatowa ihr Schicksal eng verknüpft mit diesem Mann, sogar historische Ereignisse wie den Ausbruch des «Kalten Krieges» oder das Aufleben des Terrors im eigenen Land nach 1945 sah sie von diesen Beziehungen beeinflußt.

Im ersten Teil ihres Werkes konzentrieren sich die wichtigsten Geschehnisse des ganzen Poems. Von ihm aus wird mit faszinierender

Olga Glebowa-Sudejkina

Suggestion und künstlerischer Konsequenz die innere Ordnung des Poems, seine kompositionelle und thematische Logik gesteuert und der Heterogenität an der Oberfläche der Ereignisse entgegenwirkt. Das heißt, durch diesen ersten Teil muß der Leser sich hindurchfinden, ihn muß er sich vor Augen und in Erinnerung halten, will er den weiteren Fortgang des Poems als sinnvoll begreifen. Sein zweiter Teil (*Kehrseite*[188]) erscheint ihm gegenüber als Antithese und sein dritter (*Epilog*[189]) als Versuch einer Synthese. Damit stehen alle Teile des Poems in einem engen inhaltlichen und kompositionellen Bezug zueinander.

Der erste Teil ist auf das Jahr 1940 fixiert und als *Petersburger Erzählung* auch genau lokalisiert. Ein fiktiver «Autor» (im weiteren als Dichterin, als «Autorin» erkennbar) erlebt am Silversterabend

1940 statt der Begegnung mit einem erwarteten lieben Gast in seinem Haus (es ist Achmatowas Haus an der Fontanka) einen Riesenspuk. Wie in einem wüsten Alptraum fallen Masken und Schatten über ihn her, wild zusammengewirbelt aus wirklichen und literarischen, klassischen und zeitgenössischen Figuren (darunter Faust, Don Juan, Lykurg, Solon, Hammurabi, Bibelfiguren und andere). Gesprächsfetzen, Flammenspiele, Hitze und Kälte – alles tobt wie entfesselt durcheinander. Dazwischen erscheinen, wie gesagt, wichtige Zeitgenossen aus dem Jahre 1913: vor allem Theaterleute um Wsewolod Meyerhold, der in diesem Jahr Furore in Rußland machte.[190] Achmatowas zweiter Ehemann Wladimir Schilejko taucht als «Maske» auf (das war sein Spitzname), literarische Gestalten aus Werken von Knut Hamsun, Oscar Wilde und Shakespeare wirbeln herum. Zwischen auseinandertretenden Wänden, bei Sirenengeheul und sich zur Kuppel hebender Zimmerdecke findet dieses phantastische Spiel statt. Zentrale Figur des Wirbels ist die bewunderte Glebowa-Sudejkina. Die «Autorin» staunt nur über alles, was seinen eigenen Anfang und Einstieg ins Leben vor Augen führt. *Wenn fröhlich – dann richtig, / Nur wie konnts geschehen, / Daß ich von allen allein hier noch lebe?* Das lyrische Subjekt möchte sich in seiner damaligen Eitelkeit als junge, umschwärmte, schöne und erfolgreiche Frau, *geschmückt mit schwarzen Achaten*, nie wieder begegnen. Gemeint war der frühe Ruhm damals im Kreis der Akmeisten, nach dem Erfolg des *Wetscher*-Bandes. Die damaligen Schönredner erwiesen sich als falsche Propheten.[191]

War die überfallartige Wiederkehr der Vergangenheit in Achmatowas Poem ein phantastischer und höchst launischer Wirbel wie aus abgefallenen Blättern, eine «Hoffmanniade»[192] um Mitternacht in willkürlichem Bunt? Genauer besehen ist es das nicht, sondern ein von der Dichterin streng kontrolliertes, einem künstlerischen Plan unterworfenes Spiel der Assoziationen, in dem nur das Auftrittserlaubnis bekommt, was zur Beleuchtung des 20. Jahrhunderts geeignet ist. Alles wird auf seinen Sinn durchgegangen, und damit einher geht immer auch ein Durcharbeiten der eigenen Biographie des lyrischen Ich. Der Gestus des Fragens bleibt beherrschend.

Achmatowas Wahl des Poems als Genre für dieses analytische Durchgehen des Jahrhunderts hatte zur Folge, daß sie bisherige Poemspezifika in wesentlichen Punkten aufgeben mußte. Vergleichbare Innovationsversuche literarischer Genres haben stets zunächst eher Verwunderung und Zweifel als Zustimmung ausgelöst. So war es auch bei diesem Spätwerk der Achmatowa. Weder eine bedeutende historische Figur noch ein großer zeitgenössischer Held zeigten sich in ihrem Poem, auch ein zum kollektiven Helden stilisiertes Volk tauchte nicht auf. Eines dieser Momente war traditionelle Bedingung für ein Poem in der russischen Literatur. Bei Achmatowa kommt es zur kühnen Umkehrung des zentralen Genremerkmals – zum *Poem ohne Held*. So weit waren die bedeutenden Erneuerer des Poems nach Puschkin und Lermontow – Alexander Blok, Wladimir Majakowskij oder Alexander Twardowskij – nicht gegangen. Achmatowa hat durch den Verzicht auf den bisher obligatorischen individuellen oder kollektiven Helden im Zentrum die Verwandlung des modernen Poems in ein tragikomisches Genre eingeführt und damit die literarische Form auf eine künstlerisch produktive Weise weiterentwickelt.

Der ihrem Versuch zugrundegelegte geschichtsphilosophische Gedanke gab ihr die Berechtigung dazu: Das 20. Jahrhundert hat in ihrer Vorstellung keine bedeutenden positiven Persönlichkeiten hervorgebracht, die zu Poemhelden getaugt hätten. Das Jahrhundert ist zum unfaßbaren Spektakel, zum rasanten und irren Wirbel, zur Tragikomödie geworden. Sieht man sich Achmatowas Vokabular dafür im ersten Poemteil an, so gibt es keinen Zweifel an den Intentionen der Dichterin: Schatten, immer wieder Schatten tauchen auf; Gespenster, ein Tanz der Skelette; das Chaos, das schwarze Verbrechen, die Schwüle – alle als Personifizierungen des Todes.

> *Es ist alles in Ordnung: Schweigend*
> *Liegt dort das Poem, wie es sich gehört.*
> *Und doch: Wenn ein Thema sich losreißt*
> *Und, gegen das Fenster trommelnd, beschwört*
> *Von fernher die Antwort, als sei*
> *Alles ein Spiel nur schrecklicher Lust –*
> *Ein Rasseln, ein Stöhnen, ein Adlerschrei,*
> *Und die Arme gekreuzt auf der Brust?*[193]
> (*Poem ohne Held*, Erster Teil, Nachwort;
> Nachdichtung: Heinz Czechowski)

Dieses aus Achmatowas Sicht unwirkliche Jahrhundert ließ sich anders nicht fassen als in den Dimensionen von Magie und Dämonie, als irrsinniger Wirbel, der alles Bisherige um seine gewohnte Ordnung bringt. Charakteristisch für die ehemals akmeistische Dichterin ist dabei, wie sehr sich ihre scheinbar hemmungslose Bilder- und Figurenflut an historischer Wirklichkeit orientiert.

Im zweiten, *Kehrseite* genannten Teil kommt es im Disput zwischen dem lyrischen Subjekt und einem fiktiven Redakteur zu Rechtfertigungsversuchen und antithetischen Einwänden, ja zur Selbstinterpretation des Poems. Zunächst artikuliert der Redakteur gängige Lesegewohnheiten: *Er brummte: «Drei Themen auf einmal! / Und hat man das Ganze zuende gelesen, / Begreift man nicht, wer verliebt ist in wen, / Wer, wann und weshalb sich begegnet, / Wer umkam und wer am Leben geblieben, / Und wer da der Autor, der Held, – / Und was sollen uns heute diese Gedanken / Über den Dichter und irgendeinen / Gespenstischen Spuk?»* [194] Die Antworten zur Verteidigung der fiktiven Autorin lesen sich wie ein Plädoyer für moderne Ästhetik, die sich aus der Umklammerung durch die Wirklichkeit gelöst und der schöpferischen, manchmal auch unbändig wilden Phantasie ihr Recht eingeräumt hat. In dieser Funktion muß Achmatowas Poem ebenfalls gesehen werden: als einer der Versuche in der russischen Literatur zur Befreiung von dogmatischen Fesseln und Vorschriften, wie sie eine enge Realismus- beziehungsweise Widerspiegelungskonzeption verlangte.

Ich war nicht froh, daß mir aus der Ferne
Erklang in den Ohren
Der höllischen Harlekinade Geheul.
Ich hoffte, daß es wie Fetzen von Rauch
Durch die Finsternis flöge,
Vorüber am Weißen Saal.

Doch dem Plunder war nicht zu entrinnen,
Der alte Cagliostro schlägt seine Volten,
Ein Satan von raffiniertester Art,
Der nicht mit mir den Toten beweint,
Und der nicht weiß, was Gewissen bedeutet,
Und wozu es so etwas gibt. [195]

Einige Passagen des zweiten Teils sind Monologe des lyrischen Ich, das sich als Dichterin (Achmatowa) bestimmt hat und verteidigt: *Ich werd nicht in Hymnen, bestellten, zerschmelzen! / Nein, schenkt mir nicht [...] einer / Toten Stirn-Diadem. / Ich werd eine Lyra bald brauchen, / Doch die eines Sophokles, nicht eines Shakespeare. / Es steht an der Schwelle das SCHICKSAL!* Dieses Thema war für das sich verteidigende Dichter-Ich *wie auf dem Boden die Chrysantheme, / Die*

man zertritt, wenn[196] *man fortträgt den Sarg.* Zwischen ‹Drandenken›
und ‹Sich-Erinnern› sei ein Riesenunterschied. Die Aussagen des ly-
rischen Monologs gipfeln in der selbstbewußten Vergewisserung:
*Doch deinem Ruhm, der zwielichtig schimmert / Und der zwanzig
Jahr in der Gosse gelegen, / Dem werd ich noch dienen – und wie! /
Wir beide* – das *Poem* und Achmatowa – *wir werden Feste noch feiern,
/ Und mit meinem Kuß wie ein König will lohnen / Ich deiner Mitter-
nacht böses Gesicht.*[197]

Im *Epilog*[198] des Poems, beendet 1942 in Taschkent, liegt der Ort
der Maskerade schließlich in Trümmern. So weit das Auge reicht
schwelende Brände; man hört noch Geschützdonner in der Ferne,
sonst herrscht unheimliche Stille. Und in diese Stille kommt aus 7000
Kilometern Entfernung die Stimme des Autor-Ich: Es könne kein
Ende des Unglücks verkünden. Bilder von einem sibirischen Lager
blenden auf, in ihm taucht ein Doppelgänger des Ich zu einem Ver-
hör auf. Ein Schatten kehrt heim in die Stadt an der Newa, spiegelt
sich in den Kanälen, geht durch die Säle der Eremitage und auf den
alten Friedhof, um über den schweigenden Gräbern der Brüder zu
schluchzen. Die folgende dunkle Vision vollzieht den Weg über
Brücken und Flüsse, über den Ural nach Sibirien nach, *auf dem man
vor mir gegangen / Und der meinen Sohn transportiert. / Lang war der
Begräbnisweg, endlos, / Ein feierliches, kristallenes Schweigen / Fes-
selte rings das SIBIRISCHE LAND.* Man sieht einen endlosen Zug
von Verbannten, *gepackt von tödlicher Furcht*, aber auch *wissend um
die Frist der Vergeltung.* Das Ich ruft zugleich mit der Wirklichkeit
der Todesmärsche das Gewissen auf, das im Bild vom Hände ringen-
den Rußland Ohnmacht wie Entsetzen zeigt.[199]

Zu den Eigentümlichkeiten dieses Werkes und seiner Entste-
hungsgeschichte gehört, daß sich Achmatowa nicht nur im Text aus-
giebig der Selbstinterpretation bediente, sondern auch in ausführlichen Zusatztexten zum Poem versuchte, sich ihrer Neuerung zu
versichern. Die folgenden Auszüge mögen einige ihrer Überlegungen konkretisieren:
*Dieses Poem ist ein eigenartiger Aufstand der Dinge, der Sachen.
Olgas Sachen, mit denen ich längere Zeit gelebt habe, verlangten mit
einem Male ihren Platz unter der poetischen Sonne. […] Das Poem erwies sich als aufnahmefähiger, als ich anfangs dachte. Unmerklich
nahm es in sich Ereignisse und Gefühle verschiedenster Zeitebenen
auf; und nun, wo ich mich seiner schließlich entledigt habe, sehe ich es
vollkommen einheitlich und als Ganzes.*[200] (1959)

Manchmal strebte es [das Poem] ganz zum Ballett (zweimal), und da war es durch nichts mehr zu halten. Ich dachte auch, daß es dort schließlich für immer bleiben würde. Ich schrieb so etwas wie ein Ballettlibretto, dann aber kehrte es wieder zurück, und alles lief wie zuvor. (1959)

Selbstverständlich kann (und muß) man jedes einigermaßen bedeutende Werk der Kunst auf verschiedene Art interpretieren (um so mehr betrifft das Meisterwerke). «Pique Dame» ist zum Beispiel einfach eine weltliche Novelle der dreißiger Jahre des 19. Jahrhunderts und eine gewisse Brücke zwischen dem 18. und 19. Jahrhundert (bis zu den Zimmern der Gräfin); und dann ist es dieses biblische «Du sollst nicht töten!» (von hier «Schuld und Sühne»); und es ist die Tragödie des Alters und die Geschichte vom neuen Helden (dem sogenannten «Rasnotschinzen»); und es ist die Psychologie des Spielers (eine gnadenlose Selbstbeobachtung); es ist die Problematik der Sprache (jeder spricht auf seine Weise; besonders interessant die russische Sprache der alten Frauen aus der Zeit vor Karamsin; daß sie französisch sprachen, denkt man, aber es war nicht so …) – aber, verzeihen Sie mir, ich rede daher – natürlich gehöre ich nicht in die Nähe von Puschkin. […] Aus alter Freundschaft verschweige ich Ihnen auch nicht, daß namhafte Ausländer fragen, ob ich tatsächlich die Autorin dieses Poems bin. Zur Ehre unseres Landes muß ich gestehen, daß es diesseits der Grenze solche Zweifel nicht gibt. Aber Leute kommen einfach von der Straße und beklagen sich, daß sie das Poem quält. Mir geht es nicht aus dem Kopf, daß es mir jemand diktiert hat, wobei er die besten Strophen für den Schluß aufgehoben hat. Darin bestärkt mich besonders die dämonische Leichtigkeit, mit der ich das Poem geschrieben habe: seltenste Reime hingen mir geradezu an der Bleistiftspitze, die schwierigsten Wendungen sprangen von selbst aufs Papier. (1961)

Erst heute ist es mir endlich gelungen, die Besonderheit meiner Methode [im Poem] zu formulieren. Nichts wird direkt ins Gesicht gesagt. Die schwierigsten und gewichtigsten Dinge werden nicht auf Dutzenden Seiten auseinandergelegt, wie man es so gewöhnt ist, sondern auf zwei Zeilen, aber für jeden verständlich. (1961)

Wenn sich Shakespeare-Tragödien oder Puschkin-Poeme […] in Ballette verwandeln lassen, dann sehe ich keine Hindernisse dafür, warum das mit dem «Poem ohne Held» nicht gehen sollte (natürlich kein klassisches Ballett, aber so etwas wie ein Tanzspiel mit Gesang hinter der Bühne). Daß in ihm Musik ist, höre ich schon seit fünfzehn Jahren und fast von allen Lesern.[201] (1961)

Abschied

Der Ruf der Ewigkeit erhebt
Mit Stimmen sich, unirdisch-festen,
derweil ob blühnden Weichselästen
Das Mondlicht sanfte Bläue webt.[202]
Anna Achmatowa (1958)

Auch die letzten Lebensjahre Anna Achmatowas waren Jahre künstlerischer Kreativität. Bis in ihr Todesjahr hinein entstanden neue Verse, arbeitete sie Varianten aus, stellte neue Zyklen zusammen, schrieb Memoiren und immer wieder Briefe. Eine vollständige Werkausgabe, die in Vorbereitung ist, wird die Intensität ihrer Arbeit in diesen Jahren deutlich machen.[203]

Die Gesundheit der Dichterin stellte sich allerdings immer wieder der Verwirklichung größerer Projekte entgegen. Seit Beginn der fünfziger Jahre hatte sie mehrere Infarkte erlitten, Schlaflosigkeit und Gleichgewichtsstörungen machten ihr Leben und Arbeit schwer. Fast jedes Jahr mußte sie einige Wochen in Sanatorien und Krankenhäusern zubringen, die mit ihren Gemeinschaftssälen oft Lazaretten glichen. Sie hat kaum darüber geklagt, vielmehr nutzte sie diese Zeiten zu Kontakten mit den anderen Kranken, manchmal trug sie ihnen ihre Gedichte vor. Mit dem Kranksein wurde sie fertig. Schon als junges Mädchen hatte sie dieses Spannungsverhältnis zwischen Vitalität und begrenztem physischem Vermögen kennenlernen und verinnerlichen müssen. In ihrer Familie grassierte die Tuberkulose. Jetzt hatte sie ihr siebentes Jahrzehnt erreicht. Ihre Biographen beschreiben sie – stets an erster Stelle ihr Charisma und ihre natürliche Würde betonend – als körperlich stark verändert, beleibt und schwer.

Anna Achmatowa lebte nach wie vor in ärmlichen Verhältnissen. Zwar war sie auch im Alter noch immer so gut wie gleichgültig gegenüber den für andere üblichen Standards an Wohnung, Interieur und Kleidung, aber hier kam auch ein gesellschaftlicher Akzent hinzu. Einige ihrer näheren Bekannten und Freunde bezeichneten sie als bescheiden, andere sprachen von ihrem Unvermögen, mit den einfachsten Dingen des Lebens zurechtzukommen.

Anatolij Naiman, ihr Sekretär in den letzten Lebensjahren, prägte das Wort von der «Unbehaustheit» der Achmatowa, das in der Folge von anderen Biographen übernommen wurde.[204] Diese sei zum Wesenszug ihres Verhaltens geworden. Man erinnere sich noch einmal an ihre ersten Jahre als junge Mutter auf dem Gut in Slepnjowo. Das Gefühl, nirgendwo heimisch zu sein oder sein zu können, beherrschte Achmatowa von klein auf. Immerzu gab es eine innere Ruhelosigkeit, die zu ihrer psychischen Grundsituation gehörte, ebenso wie ihre abergläubische Erwartung immer neuer Schicksalsschläge. Auf die Tonlage ihrer Lyrik schlug sich dies als oft wiederkehrendes Motiv der Trostlosigkeit und Verlassenheit nieder. In späteren Jahren begegnete sie dem mit scheinbar nonchalanter, lockerer Ironie.

Ihr Unbehaustsein kann aber ohne die soziale und politische

Mit Anatolij Naiman vor der Datscha in Komarowo

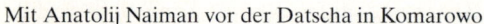

Komponente nicht erklärt werden. Dort, wo man sich um Schriftsteller als um «Ingenieure der menschlichen Seele» (Stalin) zu sorgen vorgab, wurden der Achmatowa die einfachsten Dinge des Lebens vorenthalten oder als Mittel der Demütigung und Nötigung eingesetzt.

Achmatowas Spätgedichte (nach 1956) setzen sich intensiv mit menschlicher Hinfälligkeit, Krankheit und Tod auseinander. Einen Weg, Sentimentales oder Weinerlichkeit von sich fernzuhalten, sah Achmatowa in der Selbststilisierung zur letzten Zeugin und Verteidigerin der untergehenden russischen Kultur. Dieses Selbstbild gab ihr viele Motive und die innere Balance, um mit den Problemen von Krankheit und Sterben würdig umzugehen. Wie immer in ihrem bisherigen Schaffen vollzog sich diese Auseinandersetzung als Rückbesinnung, als eine Wiederaufnahme älterer lyrischer Versuche. Am folgenden Gedicht aus dem Jahre 1942 läßt sich das nachvollziehen:

Auf dem Smolenka-Friedhof

Ihr alle, die ich hier auf Erden angetroffen,
Seid des vergangenen Jahrhunderts hingewelkte Saat!
....
Hier endet alles: die dodonschen Festbankette,
Intrigen, Würden, Girokonten und Ballette ...
Auf mürbem Sockel eine Adelskron, vereint
Mit einem rostgen Engelchen, das trockne Tränen weint.
Der Osten lag in unerforschter Ferne weit
Und grollte drohend wie ein Feind, vom Westen wehte
Der dünkelhafte Geist viktorianischer Zeit.
Konfetti flog. Es heulte der Cancan ...[205]
(1942; Nachdichtung: Heinz Czechowski)

Anfang der sechziger Jahre dachte Achmatowa an einen Zyklus *Kränze für die Toten* (*Venki mjortvym*). Sie sah sich allein zurückgeblieben an den Gräbern ihrer großen Zeitgenossen, ihrer Dichterkollegen, und das waren viele: Pilnjak, Mandelstam, Gumiljow, Majakowskij, Zwetajewa, Bulgakow und Soschtschenko.

Wie üblich bei Achmatowa sollte ein solcher Zyklus ältere und neue Gedichte miteinander vereinen, um den Gedanken, den sie für den Zyklus hatte, zu verwirklichen: Im Gedicht *Wir vier* (*Nas čet-vero*) hatte sie 1961 in ihrem Sommerhäuschen bei Komarowo Pasternak, Mandelstam und die Zwetajewa sich bei ihr versammeln lassen und festgestellt: *Wir alle sind nur ganz kurz Gast im Leben, das Leben ist nichts weiter als Gewohnheit.*

Losgesagt habe sie sich *von jedem Gut, / von jedem irdischen Nutzen. [...] Doch ists, als hört ich auf Wegen der Luft, / sich rufend, zwei Stimmen ertönen. / Zwei nur? Doch auch an der östlichen Wand, / Dort im Gestrüpp, bei den Himbeern, / Der schwärzliche frische Holunderbeerast ... / Das ist ein Brief von Marina.*[206] (Notizen aus Komarowo, 1961; Nachdichtung: Roland Erb)

Oft versuchte die Dichterin, wie hier, mit trotzigen Strophen ihre Ängste zu bändigen, ohne Melodramatik mit dem Todesgedanken umzugehen. In den Texten dieser Jahre findet man selten Mystisches, Irrationales. Selbst wenn sie religiöses Vokabular einsetzt und im Raum über ihr einen Allmächtigen anzusprechen scheint, ist das eher ein lyrisch-rhetorisches Element ihrer Poetik als ernsthafte religiöse Hinwendung. Wenn, wie einige ihrer Vertrauten versichern, das Religiöse für Achmatowa wichtig gewesen sein soll, so doch in einem anderen, eher psychologischen Zusammenhang als in landläufig und simpel verstandener Gottesfurcht oder demütiger Hinwendung und Versenkung. Gegen ein ungebrochenes religiöses Bewußtsein bei Achmatowa sprechen letztlich alle ihre Texte. Es gibt viele Verse, in denen sie bereits in den vierziger Jahren in Taschkent herausfordernd, mutwillig und respektlos mit ihrem eigenen Ende umgeht, ihr Lebensschiff zum Grund wünscht, ihr Haus in Rauch aufgehen und Mauern hinter sich einstürzen sieht. Nicht nur einmal unterstellte sie ihren Zeitgenossen, daß sie ihr dringend den Tod wünschten. Das alles waren für sie Möglichkeiten zur Abwehr lähmender Ängste und Gedanken, die sie auf diese Weise zu sublimieren versuchte.

Ihre Auseinandersetzungen mit dem Tod führten sie auch zurück zu Fragen der Dichterexistenz, des Ruhmes und seiner Vergänglichkeit. Nach einem Infarkt 1961 schrieb sie in einem Leningrader Krankenhaus den Achtzeiler *Alexander in Theben*, eine rhythmisierte Episode:

Gewiß war der junge Alexander schrecklich und furchteinflößend, als er sagte: «Du wirst Theben vernichten!»

Der alte Heerführer erblickte die stolze Stadt, die er von früher her kannte. Alles restlos dem Feuer übergeben! Und der Herrscher zählte her – die Türme, die Tore, die Tempel – die Wunder der Welt. Doch

plötzlich in heller Besinnung sagt er: «Nur acht mir darauf, daß heil bleibt das Haus des Dichters!» [207]

Ein anderes wichtiges Gedicht dieses letzten Jahrzehnts ist aus verschiedenen Gründen der Text *Heimaterde* (*Rodnaja Zemlja*). Titel und Widmung sind Selbstzitate aus ihrem berühmten Gedicht von 1922 *Nicht mit denen bin ich*. In Gestus und Thematik schließt der Text also an eigene Dichtung über dieses «patriotische» Thema an. Freilich anders, heißt es in einer jüngeren russischen Untersuchung, als bei denjenigen, die über Heimat nur mit überhöhtem Pathos schreiben könnten. Die Tonlage des Gedichtes und der hintergründige Traditionsbezug zu Alexander Puschkin, Michail Lermontow und Fjodor Tjutschew sind Stärken dieses späten Textes. Für Achmatowa hat sich die tragische Gebundenheit an ihr Land seit 1922 nicht prinzipiell geändert, eher sieht sie sich nun noch mehr einig mit der Masse ihrer Landsleute. Und sie verbindet diese Gedanken mit der Todesproblematik generell. Sie reichen vom bitteren Schlaf, vom versprochenen und niemals gefundenen gelobten Land bis zum Schmutz an den Galoschen, bis zu Asche und Grab. *Und wir mahlen und trampeln und schlucken / Diesen Staub, schuldlos und uralt. / Doch weil wir uns in sie legen und sie werden, / Nennen wir sie so leicht: unsere Erde.*[208]

Eine zeitgemäße Interpretation dieses Textes sollte auch den in ihm angelegten Weltbezug hervorheben. Das Wir – die Russen, ihr Volk – steht im Mittelpunkt tragischer Klage. Nur scheinbar geht es in dem Gespräch der Dichterin mit dem Tod um ihren eigenen Seelenfrieden, der nun gefunden ist. Ihre Stimme geht über in die Klage um ihr Land, dessen Hoffnungen in diesem Jahrhundert so groß waren und so gründlich und lange betrogen wurden.

Besondere Hervorhebung im Spätwerk verdient auch das Gedicht *Letzte Rose* (1962), das kurz vor ihren beiden Westeuropa-Reisen geschrieben wurde. Mit einem Zitat des späteren Nobelpreisträgers Joseph Brodsky scheint sie eine Hoffnung anzudeuten, daß es für sie doch jemanden gibt, der die Stafette weitertragen wird:

Letzte Rose

Sie werden über uns schreiben in schräger Schrift.
(J. Brodsky)

Muß mit der Morozowa mich neigen
Und mit Salome im Tanz mich drehn,
Muß im Rauch von Didos Holzstoß steigen
Und mit Jeanne dann auf dem Holzstoß stehn.

Herr, du siehst, es ist mir so zuwider
Auferstehung, Leben und der Tod.
Nimm mir alles, aber laß mich wieder
Fühlen diese Rose, frisch und rot.[209]

Joseph Brodsky

Anfang der sechziger Jahre gelang es einflußreichen Freunden in Westeuropa und im eigenen Land, Anna Achmatowa ins Bewußtsein der literarischen Weltöffentlichkeit zu bringen. In Italien wurde ihr der Ätna-Taormina-Preis für Poesie verliehen. Die Preisverleihung erfolgte am 12. Dezember 1964 im geschichtsträchtigen mittelalterlichen Castello d'Orsini auf Sizilien. Zur feierlich-strengen Zeremonie erschienen italienische und ausländische Autoren und Kritiker, vor allem auch die Teilnehmer eines europäischen Schriftstellertreffens, darunter der russische Schriftsteller Alexander Twardowskij.[210] Er genoß wegen seiner Förderung literarischer Talente und seines Eintretens für seine Schriftstellerkollegen großes Ansehen in der literarischen Öffentlichkeit des In- und Auslandes. Gegen harten Widerstand hatte er beispielsweise die Veröffentlichung der Debütnovelle «Ein Tag im Leben des Iwan Denissowitsch» in der von ihm geleiteten zentralen Literaturzeitschrift «Novyj mir» (Neue Welt) durchgesetzt und damit Alexander Solshenizyn ins Gespräch gebracht. Twardowskij kämpfte auch um eine gerechtere internationale Bewertung der russischen Gegenwartsliteratur. Für die Achmatowa – sie war in diesem Jahr fünfundsiebzig geworden – kam die Ehrung viel zu spät. Sie hat diese Veranstaltung nur mit gemischten Gefühlen aufgenommen; einmal verglich sie die Zeremonie um ihre Person mit einer Totenmesse. Gleichzeitig war ihrer Sensibilität die liebevolle Aufmerksamkeit italienischer Freunde und der literarischen Öffentlichkeit nicht entgangen. Mit besonderer innerer Bewegung hat sie die Überreichung einer wertvollen Ausgabe von Dantes «Göttlicher Komödie» mit Botticelli-Zeichnungen aufgenommen. Dieses Geschenk konnte nur im Wissen um ihre jahrzehntelangen innigen Beziehungen zu diesem Dichter ausgewählt worden sein, den sie im Original las, über weite Passagen auswendig zu zitieren wußte und dessen Figuren in ihrer Dichtung häufig anzutreffen sind.

Zu den sie besonders bewegenden Aufmerksamkeiten rechnete sie auch die Veröffentlichung ihrer Modigliani-Skizze[211] in der Tageszeitung «L'Unità» kurz vor ihrem Besuch. Sie hatte darin die für sie wichtigen Begegnungen mit dem italienischen Maler 1910/11 Revue passieren lassen und bewertet. Im Mittelpunkt steht das Bild des jungen, noch unbekannten, bettelarmen und intensiv suchenden und arbeitenden Künstlers in Paris. Achmatowa hat es liebevoll, elegisch und mit dem Blick auf die Seltsamkeiten einer Künstlerexistenz gezeichnet. Es entspricht nicht völlig den Realitäten, aber es ist vor allem deshalb wertvoll, weil es das spontane gegenseitige Verstehen der beiden jungen Künstler – Dichterin und Maler – ganz in ihren Anfängen, also fast noch ohne Werke, als wunderbaren Gleichklang über alle sprachlichen, kulturellen und künstlerischen Grenzen hinweg bewußt werden läßt. Achmatowa ging davon aus, daß Modigliani genau durch dieses Erlebnis zu seinen Achmatowa-Zeichnungen inspiriert worden war. Sie selbst mußte es so empfunden haben, daß sie eine literaturwürdige Antwort auf dieses Schlüsselerlebnis ihrer Jugendzeit bis dahin schuldig geblieben war. Ihr Essay liest sich auch als geheimnisvolle Liebesgeschichte, aus der die Achmatowa ihr Leben lang Zuversicht gewann und die sie offensichtlich als Teil ihrer Lebenslegende stark poetisiert hat. Joseph Brodsky aus dem Kreis ihrer engsten Freunde in den sechziger Jahren hat einmal scherzhaft auf «Romeo und Julia» angespielt, und Achmatowa hat ihm nicht widersprochen.

In vertraulichen Gesprächen machte Achmatowa kein Hehl daraus, wie unpassend und unnatürlich sie die Zeremonie mit Laudatio,

Verleihung der Ehrendoktorwürde in Oxford, 1965

Empfang, Lesungen und Begegnungen empfand. Mit der Verleihung
der Ehrendoktorwürde durch die Universität Oxford wenige Monate
später verhielt es sich nicht anders. Objektiv aber waren diese
ersten und einzigen Auszeichnungen, die Achmatowa im Leben zuteil
geworden sind, ein kaum zu überschätzendes und längst fälliges
Ereignis. Achmatowa wurde erstmals als bedeutende russische Dichterin
ins internationale Blickfeld gerückt. Damit begann auch die
Zeit bedeutender Editionen und Übersetzungen ihres poetischen
Werkes, durch die immer deutlicher wurde, wie sehr ihr Werk mit
der westeuropäischen Literatur und Kunst seit seiner Entstehungszeit
verbunden ist.

Am 5. März 1966 starb Anna Achmatowa in einem Sanatorium
bei Moskau an den Folgen eines Herzinfarkts. Im engsten Kreis
von Freunden fand am 9. März in Moskau eine Trauerfeier für die
Dichterin statt, bevor ihre sterblichen Überreste per Flugzeug nach

Leningrad überführt wurden. Dort, in der Nikolskij-Kathedrale, wurde sie aufgebahrt, zunächst ohne öffentliche Anteilnahme. Im Laufe des Tages jedoch fand sich eine immer größer werdende Menschenmenge in der Kathedrale ein, um Abschied von ihr zu nehmen. Das geschah völlig spontan. Mehrere Totenmessen wurden für sie gelesen. Von den bekannten Schriftstellern sah man bei diesen Messen niemanden.

Eine offizielle Totenfeier wurde vom Leningrader Schriftstellerverband veranstaltet. An ihr nahmen sehr viele Menschen, darunter zahlreiche Schriftstellerkollegen, teil. Am 10. März 1966 wurde Anna Andrejewna Achmatowa in Komarowo bei Leningrad, wo sich ihre Datscha befand, auf dem Waldfriedhof beerdigt. Ihren Sarg trugen unter anderen ihr Sohn Lew Gumiljow, der spätere Nobelpreisträger Joseph Brodsky und Anatolij Naiman. Letzte Worte am Grab sprachen Sergej Michalkow, Gennadij Magogonenko und Arsenij Tarkowskij.

Heute ziert ein schlichtes Halbrelief von Achmatowa, das sie als junge Frau zeigt, die helle Steinmauer der Grabstätte, die von einem hohen orthodoxen Kreuz überragt wird.

An ihrem Grab liegen meistens frische Blumen – ähnlich wie auf dem von Puschkin in Michailowskoje oder von Tolstoj in Jasnaja Poljana. Komarowo war ihr letzter Schreibort. Heute ist er eine Pilgerstätte der traditionsreichen russischen Literatur:

Für mich in Komarowo die Fichten
Sie sprechen in ihren Sprachen.
Ganz wie die einzelnen Frühjahre
Stehn sie, himmeltrinkend, in Pfützen.[212]

Anmerkungen

1 Lidija Tschukowskaja: Aufzeichnungen über Anna Achmatowa. Tübingen 1987, S. 250 (im weiteren zitiert mit dem Kürzel: Tschuko). Zwei weitere deutsche Übersetzungen erschienen in Anna Achmatowa: Im Spiegelland. München–Zürich 1994, S. 77 f.

2 Diese Begriffe werden an anderer Stelle des Textes erläutert.

3 Anna Achmatowa: Ein niedagewesener Herbst. Berlin 1967 und 1973, S. 30 f. Eine weitere deutsche Übersetzung erschien in Anna Achmatowa: Im Spiegelland. München–Zürich 1994, S. 48 (im weiteren: Spiegelland).

4 Alexej N. Tolstoj (1883–1945), Romancier und Erzähler, Autor der Trilogie «Der Leidensweg» (1922–1941) und des fragmentarischen historischen Romans «Peter der Erste» (1929–1945), kehrte 1923 aus der Emigration nach Sowjetrußland zurück.
   Michail A. Scholochow (1905–1984), Nobelpreisträger, Romancier und Erzähler, Autor der Tetralogie «Der stille Don» (1928–1940) sowie der Dilogie «Neuland unterm Pflug» (1932–1960).

5 Hier sind besonders hervorzuheben: Fritz Mierau und Edel Mirowa-Florin als Herausgeber sowie die Lyriker Sarah und Rainer Kirsch, Heinz Czechowski und Uwe Grüning als Übersetzer.

6 Vgl. dazu die Einleitung von Joseph Brodsky zu Anatolij Naiman: Erzählungen über Anna Achmatowa. Frankfurt a. M. 1992, S. 13; ferner Jiři Honzik: Die russische Sappho. In: Anna Achmatowa: Vestalin des Gedächtnisses. Prag 1990, S. 448 f.

7 Ossip Mandelstam (1891–1938), Dichter und Erzähler, Studium in Heidelberg 1909/10, Mitbegründer des Akmeismus und der «Dichterzunft». Er wurde in den dreißiger Jahren verhaftet und nach Woronesh ausgewiesen. Er starb in einem Lager in Sibirien.

8 Anmerkungen zu diesen Dichtern an geeigneter Stelle im Text.

9 Widmungsgedichte schrieben unter anderem Marina Zwetajewa, Ossip Mandelstam, Nikolaj Gumiljow, Joseph Brodsky, Dmitrij Bobyschew, Anatolij Naiman, Uwe Kolbe und Adolf Endler.

10 Bisher gibt es noch keine spezielle Veröffentlichung zu dieser Thematik. Beispiele künstlerischer Darstellungen der jüngeren Achmatowa siehe bei Anna Achmatowa: Briefe, Aufsätze, Fotos. Berlin 1991 (unter anderem von Natan Altman, Kusma Petrow-Wodkin), ferner bei Jelena Kusmina: Anna Achmatowa (Amedeo Modigliani, Natalja Danko, Nikolaj Tyrsa,

Alexander Tyschler). An anderen Stellen veröffentlicht sind außerdem Bildnisse der Achmatowa von Sergej Sorin, Olga Della Vos-Kardowskaja, Jelena Vanko, Jelisaweta Kruglikowa und Grigorij Werejskij.

11 Lidija Tschukowskaja (geb. 1907), Literaturwissenschaftlerin, Herausgeberin und Schriftstellerin. Langjährige enge Freundschaft mit Achmatowa, verfaßte Aufzeichnungen zu den Jahren 1938–1941 und 1952–1962.

12 Kornej Tschukowskij (1882–1969), Kinderbuchautor, Übersetzer und Redakteur, Ehrendoktor der Universität Oxford, Vater von Lidija Tschukowskaja.

13 Anatolij Naiman (geb. 1936), Lyriker, Übersetzer, literarischer Sekretär Achmatowas 1962–1966, Autor von: Erzählungen über Anna Achmatowa. Frankfurt a. M. 1992 (vorher: Moskau 1989).

14 Jelena Kusmina (geb. 1962), Literaturwissenschaftlerin, Mitarbeiterin des Achmatowa-Museums in Petersburg, Autorin von: Anna Achmatowa. Ein Leben im Unbehausten. Berlin 1993 (im weiteren: Kusmina).

15 Poesiealbum 240: Anna Achmatowa. Auswahl von Ingrid Schäfer. Berlin 1987, S. 9. Der Band enthält Übertragungen von Richard Pietraß, Roland Erb, Jörg Schröder, Rainer Kirsch, Peter Gosse, Uwe Grüning und Heinz Czechowski.

16 Während des Ersten Weltkrieges, den Rußland als Bündnispartner der Entente-Mächte führte, kam es nach anfänglichen militärischen Erfolgen zu chaotischen Zuständen in Wirtschaft, Verwaltung und Versorgung im Lande selbst und in der Armee, die in mehreren Ländern Europas (Frankreich, Deutschland, Polen, Balkanstaaten) stand. Politische Krisen, Radikalisierung und revolutionäre Erhebungen waren die Folge. Sie führten über zwei Revolutionen 1917 (Februar und Oktober) zur Errichtung der Macht der Sowjets (Räte), im Januar 1918 zur Proklamierung der Russischen Föderativen Sowjetrepublik, kurz Sowjetrußland (Sowjetskaja Rossija) genannt.

17 Kusmina, S. 16.

18 Narodnaja Wolja (Volkswille), Geheimzirkel zur Bekämpfung des Zarismus mit terroristischen Mitteln, gegründet 1878; mehrere Attentate auf den Zaren Alexander II., 1881 Ermordung Alexanders II.

19 Viktor Gorenko (1896–1976), jüngerer Bruder Achmatowas, Marineoffizier und Handelskaufmann, lebte längere Zeit in China, danach Auswanderung in die USA. Einzelheiten über sein Leben und seine Beziehungen zu Anna Achmatowa vgl. An Interview with Victor Gorenko. In: Anna Achmatowa: Gedichte, Briefwechsel, Erinnerungen, Bilder. Paris 1974, S. 115–127.

20 Zarskoje Selo (seit 1918 Puschkin), Sommerresidenz der russischen Zaren, besaß eine höhere Lehranstalt für Kinder des Adels zur Vorbereitung auf den Staatsdienst. Auch bekannte Dichter waren Absolventen dieser Anstalt wie zum Beispiel Alexander Puschkin, Wilhelm Küchelbecker, Anton Delwig. Schloßanlagen im Stil des «russischen Barock», daher öfters als «russisches Versailles» bezeichnet.

21 Kusmina, S. 41.

22 Das Gedicht erschien ohne Titel in der von Nikolaj Gumiljow gegrün-

deten Zeitschrift «Sirius» Heft 2/1907 in Paris. Deutsch in: Kusmina, S. 39.

23 Walerij Brjussow (1873–1924), Lyriker, Erzähler, Theoretiker und Organisator des literarischen Lebens, Kopf des russischen Symbolismus. Lehrtätigkeit auf literaturwissenschaftlichem Gebiet, Arbeit im Volksbildungsministerum. Übersetzer von Goethes «Faust» und mehrerer französischer Lyriker.

24 Innokentij Annenskij (1856–1909), Dichter, Erzähler, Übersetzer (Heinrich Heine, Charles Baudelaire, Paul Verlaine, Arthur Rimbaud).

25 Kusmina, S. 44.

26 Dawid Samoilow: Die Zeiten der Achmatowa. Vorwort zu Anna Achmatowa: Ich bin eure Stimme (Ja golos – vaš). Moskau 1989, S. 10 (Übersetzung: Wolfgang Hässner).

27 Die «Dichterzunft» (auch «Dichtergilde» genannt) war eine literarische Gruppe in Petersburg zwischen 1911 bis 1914 und 1921 bis 1923, in der der Akmeismus entstand. Ihr waren mehr oder weniger eng verbunden: Anna Achmatowa, Ossip Mandelstam, Nikolaj Gumiljow, Wladimir Narbut, Michail Losinskij, Sergej Gorodezkij und Michail Senkewitsch. Nach Aussagen von Achmatowa versammelte man sich mehrmals im Monat und an verschiedenen Stellen, darunter auch in Wjatscheslaw Iwanows Wohnung, genannt «Turm». Ihre Zeitschrift hieß «Hyperboreus» (nach dem sagenhaften Volk der im Norden lebenden Hyperboreer), der vier Almanache herausbrachte, den letzten, nach der Emigration einiger Mitglieder, in Berlin.

28 Anna Achmatowa: Amedeo Modigliani. In: Anna Achmatowa: Briefe, Aufsätze, Fotos. Berlin 1991, S. 196–205.

29 Augusta Dokukina-Bubel: Sensationeller Fund in Venedig. In: Russkaja mysl (Russisches Denken), H. 1/1993.

30 In ihren Erinnerungen «Mandelstam/Blätter aus dem Tagebuch» findet sich die Aussage, daß Nikolaj Gumiljow und Sergej Gorodezkij Syndikusse, sie selbst die Sekretärin der Gruppierung waren. Vgl. Anna Achmatowa, Briefe, Aufsätze, Fotos. Berlin 1991, S. 176.

31 Eine weitere Zeitschrift der «Dichterzunft» war «Apollon», vorher mit dem Symbolismus verbunden. In ihr wurden die Manifeste des Akmeismus veröffentlicht, ferner Beiträge zur Vers- und Übersetzungstheorie.

32 Der russische literarische Symbolismus war eine einflußreiche Gruppierung, der so bedeutende Dichter wie Alexander Blok, Dmitrij Mereshkowskij, Alexej Remisow, Andrej Belyj, Fjodor Sologub, Konstantin Balmont und Sinaida Hippius angehörten oder nahestanden. Kunst als kulturell-sittliches Handeln, als intuitive Erfindung der Welt, Dominanz der Lyrik und in ihr des Symbols als vieldeutigem Bedeutungsträger waren einige seiner zentralen Programmpunkte.

33 Nikolaj Gumiljow: Das Erbe des Symbolismus und der Akmeismus. In: Apollon, H. 1/1913.

34 Zwei lyrische Texte von Innokentij Annenskij finden sich in der Anthologie «Solange es dich, mein Rußland gibt». Leipzig 1967, S. 70.

35 Der Band «Večer» (Abend) erschien zunächst in 300 Exemplaren, in kür-

zester Zeit gab es 13 Auflagen. Michail Kusmin schrieb ein Vorwort, und viele Lyriker der Zeit verfaßten positive Kritiken (unter ihnen: Walerij Brjussow und Sergej Gorodezkij). Boris Eichenbaum nannte den Band einen lyrischen Roman, der nicht Abend, sondern Morgen der Poesie heißen müßte.

36 Poesiealbum 240, S. 3 (Übersetzung: Richard Pietraß).

37 Kusmina, S. 56.

38 Anna Achmatowa: Die roten Türme des heimatlichen Sodom. Berlin 1988, S. 13 (Übersetzung: Irmgard Wille).

39 Tschuko, S. 257 (Übersetzung: Kay Borowsky).

40 Anna Achmatowa: Sočinenija. Hg. von G. P. Struve und B. A. Filippov. 3 Bde., Paris–München 1965, 1968, 1983 (im weiteren: Soč). Hier: Bd. 1, S. 55.

41 Anna Achmatowa: Ein niedagewesener Herbst. Berlin 1973, S. 8f. (im weiteren: Herbst).

42 Poesiealbum 240, S. 4 (11. Strophe des Gedichtes «Zarskoje Selo»)

43 Soč, Bd. 1, S. 52 f.

44 Soč, Bd. 1, S. 46–48 (Originaltitel: «Obman»).

45 Olga Obuchowa: Die Metamorphosen des lyrischen Ich in Anna Achmatowas Poesie. In: «Russian literature» XXX (1991), S. 392.

46 Michail Losinskij (1886–1955), Mitglied der Dichterzunft, Übersetzer (Dante, Shakespeare, Molière, Rolland), befreundet mit Achmatowa. Vgl. Ein Wort über Losinskij. In: Werke, Bd. 1, S. 188–190.

47 Soč, Bd. 1, S. 78.

48 Vgl. Anmerkung 46.

49 Soč, Bd. 1, S. 84 (Widmung: «Für N. Gumiljow»).

50 Tschuko, S. 252.

51 Jadwiga Reifer-Szymak: Anna Achmatowa. Poesie. Auswahl und Einführung. Krakau 1986, S. 412.

52 Jewgenij Baratynskij (1800–1844), Lyriker, Dichter von Elegien und Poemen.

53 Nowgorod (am Ilmensee), eine der ältesten russischen Städte (gegründet im 9. Jahrhundert), Adelsrepublik vom 12. bis zum 15. Jahrhundert mit frühen demokratischen Traditionen und ungestörter nationalkultureller Entwicklung, da hier die Tatareninvasion des 13. Jahrhunderts nicht wirksam wurde. Hansestadt mit majestätischer altrussischer Architektur.

54 Achmatowas dritter Gedichtband wurde im September 1917 ausgeliefert. Es gab keine Kritiken mehr wegen der bald folgenden revolutionären Ereignisse. Vgl. auch Soč, Bd. 1, Anmerkung zum Gedichtband.

55 Soč, Bd. 1, S. 130.

56 Soč, Bd. 1, S. 131.

57 Soč, Bd. 1, S. 158.

58 Soč, Bd. 1, S. 116 (Originaltitel: «Razluka»).

59 Soč, Bd. 1, S. 122.

60 Soč, Bd. 1, S. 145.

61 Soč, Bd. 1, S. 119.

62 Soč, Bd. 1, S. 121.

63 Kiew, erstmals im 9. Jahrhundert urkundlich erwähnt, war die Hauptstadt der sogenannten Kiewer Rus, des ersten Staatswesens auf russischem Boden, mit eigenem Rechtskodex, Schrifttum und majestätischer sakraler Architektur, 1240 von den Tataren zerstört, seit 1934 Hauptstadt der Ukrainischen SSR, heute der Ukraine.

64 Vgl. Anmerkung 62.

65 St. Petersburg, gegründet 1703 von Peter I., ab 1. September 1914 russifizierte Benennung Petrograd, vom 26. Januar 1924 an zu Ehren Lenins Leningrad, jetzt wieder St. Petersburg, war bis 1918 mit geringfügigen Unterbrechungen Hauptstadt Rußlands. Die Peter-Pauls-Festung (früher: Festung «St. Peterburch») war Staatsgefängnis. Leningrad wurde während des Zweiten Weltkriegs 872 Tage belagert, es gab 642 000 Tote in der Stadt.

66 Soč, Bd. 1, S. 115.

67 Dekabristenaufstand vom 29. Dezember 1825 in Petersburg: Erhebung adliger Revolutionäre gegen Selbstherrschaft und Leibeigenschaft. Fünf Anführer, junge Offiziere und Dichter, wurden erhängt, darunter Kondratij Rylejew, Pawel Pestel, Alexander Bestushew-Marlinskij. 121 weitere Teilnehmer des Aufstandes wurden lebenslang nach Sibirien verbannt. Die adligen Ehefrauen folgten ihren Männern in die Verbannung, was in einem Poem des russischen Dichters Nikolaj Nekrassow verarbeitet wurde («Russische Frauen»). Die andere Assoziation betraf Fjodor Dostojewskij, der 1849 wegen angeblicher Teilnahme an einem geheimen Zirkel in die Peter-Pauls-Festung gebracht und nach mehrmonatiger Haft zum Tode verurteilt worden war. Erst wenige Minuten vor der Erschießung wurde ein zurückgehaltener Gnadenerlaß des Zaren bekanntgegeben. Es folgten vier Jahre Zwangsarbeit in Sibirien.

68 Soč, Bd. 1, S. 127 f. (Eine Teilübersetzung in: Poesiealbum, S. 6, von Jörg Schröder).

69 Soč, Bd. 1, S. 156.

70 Soč, Bd. 1, S. 133 (Originaltitel: «Molitva»). Eine weitere deutsche Übertragung von Felix Zielinski in: Spiegelland, S. 32.

71 Tschuko, S. 246 und Spiegelland, S. 26.

72 Bürgerkrieg und militärische Intervention 1918–1922: Im Zusammenwirken von vierzehn europäischen Staaten, den USA und Japan wurde versucht, die durch die Kommunisten eingeleiteten gesellschaftlichen Veränderungen rückgängig zu machen. In einer militärischen Großoffensive unter Bedingungen des sogenannten Kriegskommunismus wurden die Intervenen und die ehemaligen zaristischen Generäle vertrieben.

73 Die Gesamtzahl der nach dem Oktober 1917 Emigrierten Rußlands wird heute auf ca. 2 Millionen geschätzt, vertreten waren vor allem Gutsbesitzer, Beamte, Militärs und Künstler. Bevorzugte Emigrationsländer: Frankreich, Deutschland, Bulgarien.

74 Soč, Bd. 1, S. 124.

75 Nach der Revolution wurden die sogenannten bürgerlichen Zeremonien abgeschafft, es genügte, wenn die Partner sich bei der Eheschließung einer Eintragung auf der Behörde unterzogen. Bei der Scheidung genügte die offizielle Erklärung eines Partners.

76 Dmitrij Chrenkow: Anna Achmatowa in Petersburg, Petrograd und Leningrad. Leningrad 1989, S. 80.

77 Maxim Gorkij (1868–1936), russischer Romancier, Erzähler, Dramatiker und Kulturpolitiker, Mitbegründer des Sowjetischen Schriftstellerverbandes 1934. Galt jahrzehntelang als Begründer des sozialistischen Realismus (Roman «Die Mutter»); freundschaftliche Beziehungen zu Lenin und Stalin.

78 Anatolij Lunatscharskij (1875–1933), Kunsttheoretiker, Dramatiker, Kulturpolitiker; Philosophiestudium in Zürich, Volksbildungsminister in Sowjetrußland bis 1929.

79 Larissa Reisner (1895–1926), Schriftstellerin, Kritikerin und Kulturpolitikerin, polnischer Herkunft.

80 Proletkult (Abkürzung für russisch: «proletarskaja kultura»), 1917 unter Leitung Anatolij Lunatscharskijs als Organisation zur Schaffung einer klassenmäßigen proletarischen Kunst und Kultur gegründet, mit eigenen Verlagen und Zeitschriften, 1920 dem Volkskommissariat für Bildung unterstellt, 1923 aufgelöst.

81 Achmatowas vierter Gedichtband erschien 1921 in Petrograd mit dreißig lyrischen Texten, wovon die Hälfte in den Jahren davor in verschiedenen Zeitschriften bereits erschienen war. Der Titel des Bandes ist wegen seiner Mehrdeutigkeit von Interesse: «podoroshnik» = eine Pirogge als Wegzehrung, ein Wegelagerer, ein Unkraut am Straßenrand, eine Lerchenart. Weitere Konnotationen könnten sich ergeben aus: «podoroshnaja» = Reisebescheinigung in Rußland mit dem Recht auf Postpferde; schließlich bedeutet das Wort auch eine Geleitformel für die Toten.

82 Vgl. Nadjuschka, mein Leben. Briefe aus einer großen Zeit (1917–1922). Berlin 1987, S. 125.

83 Herbst, S. 31. Eine weitere Übersetzung von Kay Borowsky in: Spiegelland, S. 48.

84 Der sprach- und literaturwissenschaftliche Begriff «Kontext» wird von uns im Sinne von Zusammenhang eines Gedichtes mit anderen Gedichten desselben Zeitraums im Schaffen von Achmatowa verwendet.

85 Herbst, S. 24 f.

86 Vgl. «Novyj mir», H. 12/1987, S. 257 ff.

87 Die Februarrevolution von 1917 war die zweite russische Revolution nach 1905/07. Sie führte zum Sturz des Zarismus, zur Bildung einer provisorischen Regierung und zur sog. Doppelherrschaft der Arbeiter- und Soldatenräte (Sowjets) und dieser Regierung.

88 Anna Achmatowa: Vor den Fenstern Frost. Gedichte und Prosa. Berlin 1988, S. 19 (im weiteren: Frost).

89 Soč, Bd. 1, S. 204.

90 Vgl. Fritz Mierau: Gedächtnisse. In: Anna Achmatowa. Poem ohne Held. Leipzig 1979, S. 246.

91 Das aus dem Französischen entlehnte «poetessa» (poetesse) hatte für Achmatowa einen pejorativen Klang.

92 Sinaida Hippius (1869–1945), Dichterin, Kritikerin, Frau von Dmitrij Mereshkowskij; Emigration 1919 bis zum Lebensende.

93 Kusmina, S. 83.
94 Soč, Bd. 1, S. 87 f. Deutsche Übertragungen von Barbara Honigmann in: Frost, S. 13 und von Irmgard Wille in: Spiegelland, S. 17.
95 Soč, Bd. 1, S. 96.
96 Der Gedanke an eine Doppelgängerin kommt bei Achmatowa auch im Zusammenhang mit Marina Zwetajewa auf.
97 Soč, Bd. 1, S. 203.
98 Gleb Struve und Boris Filippov haben zwischen 1965 und 1968 zwei Bände mit mehr als tausend Seiten Achmatowa-Texten herausgegeben und damit eine Vorstellung vom Werk der Achmatowa in der westlichen Welt vermittelt, auch wenn es aus Achmatowas Sicht gegen den Herausgeber Struve viele kritische Einwände gegeben hat. Vgl. Anna Achmatowa: Briefe, Aufsätze, Fotos. Berlin 1991, S. 59–63 (Brief an Lidija Tschukowskaja von Januar/Februar 1966).
99 Soč, Bd. 1, S. 40 f. (Originaltitel: «Korotko o sebe»).
100 Kusmina, S. 146.
101 Kusmina, S. 148.
102 Soč, Bd. 1, S. 220. Deutsche Übertragungen von Peter Gosse in: Poesiealbum 240, S. 12, ferner von Kay Borowsky und Ludolf Müller in: Spiegelland, S. 53 f.
103 Der Text nimmt Bezug auf 1. Moses 19, 24–27. Der Bezug wird als Zitat offengelegt.
104 Ebenda, Vers 24 und 25.
105 Soč, Bd. 1, S. 221. Deutsche Übertragung von Kay Borowsky in: Spiegelland, S. 61.
106 Kusmina, S. 140.
107 Neben den bereits erwähnten Gruppierungen des Proletkult und der Akmeisten gab es die aus dem Proletkult hervorgegangenen Assoziationen RAPP (Russische Assoziation Proletarischer Schriftsteller) mit regionalen Organisationen in Moskau (MAPP) und Leningrad (LAPP), ferner die LEF (Linke Front der Kunst), eine Bauernschriftstellervereinigung WOKP, die Konstruktivisten, die Gruppe Perewal (Grat), die Serapionsbrüder sowie weitere kleinere Vereinigungen.
108 Der Erste Sowjetische Schriftstellerkongreß fand vom 17. August bis zum 1. September 1934 in Moskau statt. An ihm nahmen ca. 600 Delegierte und Gäste aus dem In- und Ausland teil. Seine konkreten Ergebnisse waren die Gründung des Sowjetischen Schriftstellerverbands und des heutigen Gorkij-Instituts.
109 Sergej Jessenin (1895–1925), populärer Dichter aus dem bäuerlichen Milieu, verheiratet mit der Tänzerin Isadora Duncan, Selbstmord 1925.
110 Vgl. Nina Popowa: Das Fontänenhaus. In: «Neue Zeit», H. 26/1989, S. 26 f.
111 Als deutsche Übersetzung sei hier genannt: Nikolaj Gumiljow: Ausgewählte Gedichte. Berlin 1988. Enthält auch Briefe und Fotos.
112 Lidija Tschukowskaja: Aufzeichnungen über Anna Achmatowa. Tübingen 1987. Es handelt sich um die Aufzeichnungen der Jahre 1938 bis 1941.
113 Soč, Bd. 1, S. 357 (deutsch in: Poesiealbum 240, S. 18; aus dem Teil 7 «Das

Urteil», datiert: «22. Juni 1939, Fontannyj Dom», aus Anna Achmatowa: Requiem).

114 Unter Kollektivierung wurde die durchgängige Überführung des bäuerlichen Eigentums an Gebäuden, Geräten, Vieh und Boden in sogenannte Kollektivwirtschaften (abgekürzt: Kolchos) verstanden. Sie erfolgte bis 1932 weitgehend mit massivem Druck und oft bei Vertreibung der reicheren Bauern (Kulaken) von Haus und Hof samt ihren Familien.
Unter Industrialisierung wurde der großangelegte Aufbau einer sowjetischen Schwerindustrie im europäischen Teil verstanden. Erklärtes Ziel war die ökonomische Unabhängigkeit von der westlichen Wirtschaftssphäre. Am Aufbau der Schwerindustrie wirkten bis 1933 Tausende deutsche und andere ausländische Ingenieure und Gastarbeiter mit.
Kulturrevolution meinte die einheitliche Leitung aller künstlerischen, wissenschaftlichen und kulturellen Bereiche (Verlage, Zeitungen, Künstlerverbände, Theater usw.) durch die Partei. Unter diesem Aspekt ist auch die Bildung eines einheitlichen Schriftstellerverbandes 1934 zu sehen.

115 Zum Tod von Ossip Mandelstam, Boris Pilnjak und Michail Bulgakow vgl. Kusmina, S. 170–178.

116 Soč, Bd. 1, S. 358 (weitere deutsche Übersetzungen in: Poesiealbum 240, S. 19 und in: Tschuko, S. 250 f., sowie in Spiegelland, S. 186).

117 Poesiealbum 240, S. 18.

118 Anna Achmatowa: Poem ohne Held. Poeme und Gedichte. Leipzig 1979, S. 24 f., ferner in: Spiegelland, S. 71 (Originaltitel: «Iva»).

119 Wladimir Majakowskij (1893–1930), Dichter, Dramatiker, engagiert in der literarischen Gruppierung LEF (Linke Front der Kunst), Freitod 1930.

120 Anna Achmatowa: Poem ohne Held, S. 30 f. (im weiteren: Poem).

121 Herbst, S. 12 f.

122 Lew Kopelew: Ein faustischer Traum – Anna Achmatowa. In: West-östliche Spiegelungen. Deutsche und Deutschland in der russischen Lyrik des frühen 20. Jahrhunderts. München 1988, S. 15.

123 Poem, S. 46 f.

124 Soč, Bd. 1, S. 238.

125 Soč, Bd. 1, S. 351–362.

126 Die dem Poem von Achmatowa vorangestellte Widmung lautete vollständig: «Nein, weder unter fremden Himmeln noch unter fremdem Schutz – ich war damals bei meinem Volk, dort, wo es war, zum Unglück, war ich.» Soč, Bd. 1, S. 353; vgl. auch: Spiegelland, S. 180.

127 Der vollständige Wortlaut des unter dem Titel «Anstelle eines Vorworts» am 1. April 1957 hinzugefügten Textes lautet: «In den furchtbaren Zeiten der Herrschaft Jeshows brachte ich siebzehn Monate in den Warteschlangen vor den Gefängnissen Leningrads zu. Irgendwann irgendwie erkannte mich jemand wieder. Eine hinter mir stehende Frau mit blaugefrorenen Lippen, die natürlich noch nie meinen Namen gehört hatte, erwachte aus der uns allen eigenen Erstarrung und Vereinzelung und fragte dicht an meinem Ohr (alle sprachen dort nur im Flüsterton): Und können Sie das

hier beschreiben? Da sagte ich: Ich kann. Da ging so etwas wie ein Lächeln über das, was einstmals ihr Gesicht gewesen war.» Werke, Bd. 1, S. 353. (Übersetzung: Wolfgang Hässner).

128 Poesiealbum 240, S. 18 f. sowie: Spiegelland, S. 180–189.

129 Der Begriff «Rus» bezeichnet das erste russische Staatswesen, das sein Zentrum in Kiew hatte und vom 10. bis zum 13. Jahrhundert existierte (vgl. Anm. 63). Bei Achmatowa meint der Begriff alles alte Russische, Rußland mit seinen besten Traditionen, auch schlechthin Heimat.

130 Soč, Bd. 1, S. 354.

131 Soč, Bd. 1, S. 355 sowie in: Spiegelland, S. 182.

132 Soč, Bd. 1, S. 355.

133 Soč, Bd. 1, S. 356.

134 Soč, Bd. 1, S. 358 sowie Poesiealbum 240, S. 19.

135 Soč, Bd. 1, S. 360.

136 Sigrid Dehmel: Poetik der Gedächtnisse im «Requiem» von Anna Achmatowa. In: Anna Achmatowa. Konferenzmaterialien. Leipzig 1989, S. 63.

137 Soč, Bd. 1, S. 360 f.

138 Kusmina, S. 200.

139 Das wurde im Sender «Stimme Leningrads» Ende September 1941 kurz vor Achmatowas Evakuierung gesendet. Eine genaue Quelle des Textes konnte bisher nicht gefunden werden.

140 Samuil Marschak (1887–1964), Dichter, Übersetzer, Kritiker und engagierter Förderer der Kinderliteratur und des Kindertheaters in der Sowjetunion.

141 Der Zyklus «Kriegswind» (Veter vojny) wird in den deutschen Ausgaben bisher nicht vollständig erfaßt. In den meisten deutschen Ausgaben finden sich die Texte: «Tapferkeit», «Die Vögel des Todes» sowie «Und ihr, Freunde vom letzten Aufgebot!»

142 Soč, Bd. 1, S. 243.

143 Soč, Bd. 1, S. 244 sowie in: Herbst, S. 53 f. und in: Kusmina, S. 93.

144 Poesiealbum 240, S. 21.

145 Poesiealbum 240, S. 22.

146 Poesiealbum 240, S. 22.

147 Herbst, S. 55.

148 Soč, Bd. 1, S. 246; eine weitere deutsche Übertragung von Franz Leschnitzer in: Spiegelland, S. 95.

149 Soč, Bd. 1, S. 295 ff.

150 Poem, S. 81; weitere Nachdichtungen von Ludolf Müller und Ilma Rakusa in: Spiegelland, S. 160–168.

151 Poem, S. 83.

152 Vgl. Kusmina, S. 220 f.

153 Soč, Bd. 1, S. 253–258. Unter dem Titel «Mond im Zenit» (Luna v zenite) finden sich zwölf numerierte Teile und eine Einführung, alles zusammen unter dem Arbeitstitel «Entwürfe für ein Poem über Mittelasien».

154 Soč, Bd. 1, S. 265 f. Deutsche Übertragung von Heinz Czechowski in: Poem, S. 67.

155 Poem, S. 64 f.
156 Vgl. Isaiah Berlin in: Anatolij Naiman: Erzählungen über Anna Achmatowa, S. 7.
157 Poem, S. 133 f.
158 Poem, S. 69. Das Gedicht trug bei seiner Erstveröffentlichung in der Zeitschrift «Leningrad» den Titel «Liebe» (Ljubov').
159 Poem, S. 71.
160 Poem, S. 112 f.
161 Poem, S. 118 f.
162 «Über die Zeitschriften ‹Swesda› und ‹Leningrad›. Aus dem Beschluß des ZK der KPdSU(B) vom 14. August 1946». In: Beiträge zum sozialistischen Realismus. Berlin 1953, S. 60–63. (im weiteren: Beschluß).
163 Michail Soschtschenko (1895–1958), Erzähler, Dramatiker; war vor allem als Satiriker und Feuilletonist populär.
164 Beschluß, S. 60.
165 Beschluß, S. 61.
166 Beschluß, S. 63.
167 Andrej Shdanow: Referat über die Zeitschriften ‹Swesda› und ‹Leningrad›, 1946. In: Beiträge zum sozialistischen Realismus. Berlin 1953, S. 20–42. (im weiteren: Referat).
168 Referat, S. 42.
169 Referat, S. 24.
170 Referat, S. 25.
171 Tschuko, S. 258.
172 Alexander Fadejew (1901–1956), Romancier, Erzähler und Kulturpolitiker; war führend bei der Gründung und Leitung des Sowjetischen Schriftstellerverbands; starb durch Selbstmord.
   Ilja Ehrenburg (1891–1967), Romancier, Erzähler, Kriegskorrespondent und Publizist; wurde besonders durch seine Memoiren «Menschen, Städte, Jahre» populär.
   Alexej Surkow (1899–1983), Dichter, Übersetzer, Kriegskorrespondent und Publizist.
173 Diese Gedichte erschienen zuerst in der Jugendzeitschrift «Ogonjok» (Feuerchen), H. 3/1950. (im weiteren: Ogonjok).
174 Ogonjok, 3/1950.
175 Ogonjok, 3/1950.
176 Ogonjok, 3/1950.
177 Gawrila Dershawin (1743–1816), Dichter, Dramatiker und Offizier am Zarenhof; war auch zeitweise Finanzminister und Sekretär der Zarin Katharina II. Gemeint ist hier die Ode «An Feliza» (Oda k Felice) aus dem Jahre 1782, in der der Dichter die Zarin als Ideal einer aufgeklärten Monarchin pries.
178 Anna Achmatowa: Werke in zwei Bänden (Sočinenija v dvuch tomach). Moskau 1986. (im weiteren: Werke in zwei Bänden).
179 Werke in zwei Bänden, Bd. 1, S. 221 (Anmerkung 18).
180 Wladimir Shirmunskij: Das Schaffen Anna Achmatowas (Tvorčestvo Anny Achmatovoj). Leningrad 1973, S. 149.

181 Alle Zitate aus dem Poem nach: Anna Achmatowa: Poem ohne Held. Triptychon 1940–1962. Leipzig 1979, S. 142–193; russisch und deutsch.
182 Vgl. Sachwörterbuch der Literatur, München 1989, sowie Wörterbuch der Literaturwissenschaft, Leipzig 1986 (Stichwort: Poem).
183 Werke in zwei Bänden, Bd. 2, S. 221.
184 Werke in zwei Bänden, Bd. 2, S. 222.
185 Poem, S. 126 f.
186 Michail Kusmin (1872–1936), Dichter, Kritiker, Komponist und bedeutender Übersetzer (Shakespeare, Boccaccio).
187 Poem, S. 132 f.
188 Poem, S. 164–175.
189 Poem, S. 176–183.
190 Wsewolod Meyerhold (1874–1940), Dramatiker und bedeutender Theaterexperimentator.
191 Poem, S. 139.
192 Poem, S. 140 f. Hier fällt der Ausdruck: «Mitternachtshoffmanniade» (polnočnaja Gofmaniana).
193 Poem, S. 162 f.
194 Poem, S. 164–167.
195 Poem, S. 168 f.
196 Poem, S. 170 f.
197 Poem, S. 175.
198 Poem, S. 176–183. Der Epilog ist gleichzeitig der dritte Teil des Poems. Er trägt vier Mottoverse, darunter von Annenskij und Puschkin, ferner die Widmung «Für meine Stadt» (Mojemu gorodu).
199 Poem, S. 182 f.
200 Werke in zwei Bänden, Bd. 2, S. 223.
201 Werke in zwei Bänden, Bd. 2, Anmerkungen.
202 Spiegelland, S. 122.
203 Eine Vorstellung davon vermittelt der Band: Anna Achmatowa: Briefe, Aufsätze, Fotos. Berlin 1991.
204 Wir übernehmen den Begriff von Anatolij Naiman und Jelena Kusmina.
205 Poem, S. 58 f.
206 Poesiealbum 240, S. 30.
207 Soč, Bd. 1, S. 324 (Übersetzung: Wolfgang Hässner); ferner in: Spiegelland, S. 126 (Übersetzung: Kay Borowsky).
208 Poem, S. 104.
209 Anna Achmatowa: Die roten Türme des heimatlichen Sodom. Berlin 1988, S. 138 f.
210 Alexander Twardowskij (1910–1971), Dichter, Kulturpolitiker, Chefredakteur der angesehenen Literaturzeitschrift «Neue Welt» (Novyj mir) von 1950 bis 1970.
211 Vgl. Amedeo Modigliani. In: Anna Achmatowa: Briefe, Aufsätze, Fotos, S. 196–205.
212 Soč, Bd. 1, S. 231.

Zeittafel

1889   Anna Andrejewna Gorenko wird als viertes Kind des Marineoffiziers Andrej Gorenko und seiner Ehefrau Inna Erasmowna, geb. Stogowa, in Bolschoj Fontan bei Odessa geboren (Pseudonym Achmatowa etwa ab 1910).

1890   Übersiedlung der Eltern nach Zarskoje Selo (heute: Puschkin) bei St. Petersburg. Besuch des Mädchengymnasiums, wo der Dichter Innokentij Annenskij Direktor ist.

1892   Tod der Schwester Irina durch Tuberkulose.

1896   Geburt des jüngsten Bruders Viktor, später US-Bürger. Beginn der Freundschaft mit Walerija Sresnewskaja, durch sie Bekanntschaft mit Nikolaj Gumiljow.

1900   Erste Gedichte (verlorengegangen). Begegnungen mit russischer Lyrik (Gawrila Dershawin, Nikolaj Nekrassow und Alexander Puschkin).

1905   Pensionierung des Vaters. Scheidung der Eltern, Übersiedlung mit der Mutter auf die Krim. Tod der ältesten Schwester Inna durch Tuberkulose.

1906   Briefwechsel mit Sergej Stejn (Schwager, Ehemann von Schwester Inna), Übersetzer und Privatdozent.

1907   Abitur am Funduklejew-Gymnasium in Kiew, danach Studium an der Juristischen Fakultät der Kiewer Universität. Erste Gedichtveröffentlichung (gegen ihren Willen) in Gumiljows Zeitschrift «Sirius» (*An seiner Hand da blinken viele Ringe*). Gumiljow besucht Anna Gorenko in Sewastopol, verbrennt ein ihr gewidmetes Stück.

1908   Gumiljow widmet Anna mehrere seiner Werke, darunter «Romantische Blumen» (Gedichte) und «Freuden irdischer Liebe» (Novellen).

1910   Gumiljow stellt als Student der Petersburger Universität bei deren Rektor Antrag auf Eheschließung. Kirchliche Trauung mit Gumiljow. Erste Lesung von Gedichten im «Turm» bei Wjatscheslaw Iwanow. Hochzeitsreise nach Paris. Begegnung mit Amedeo Modigliani. Erneute Gedichtlesungen in der «Gesellschaft der Streiter für das künstlerische Wort».

1911   Gründung der «Dichterzunft» (Cech poėtov) in Petersburg, einer Gruppe von Künstlern, die sich als Akmeisten bezeichnen (Gumiljow, Ossip Mandelstam, Michail Kusmin u. a.). Achmatowa wird Sekretärin der Gruppe. Die Gedichtsammlung «Die Zypressenholzschatulle»

von Annenskij erscheint postum und beeinflußt die Akmeisten stark.
Norditalienreise (Genua, Florenz, Pisa, Venedig).
Freundschaft mit Mandelstam.

1912 Bekanntschaft mit Wladimir Majakowskij im Künstlerkabarett «Der streunende Hund» in Petersburg.
Erster Gedichtband *Abend* (*Večer*) erscheint in Petersburg in 300 Exemplaren. Aufnahme in die «Gesellschaft der Streiter ...» Geburt des Sohnes Lew Nikolajewitsch. Trennung von Gumiljow.

1913 Lesungen anläßlich des Besuchs von Émile Verhaeren in Rußland.
Begegnung mit Alexander Blok (*Bin dem Dichter Gast geworden*).

1914 Schwere Lungenerkrankung Achmatowas.
Gumiljow meldet sich freiwillig zu den Leibgarde-Ulanen bei Ausbruch des Ersten Weltkriegs. Aufenthalte Achmatowas auf dem Gut der Gumiljows in Slepnjowo nahe Twer.
Zweiter Gedichtband *Rosenkranz* (*Četki*) erscheint. Arbeit am Poem *Nahe am Meer* (*U samogo morja*). Fahrt mit Sohn Lew zu Gumiljow nach Nowgorod, wo dieser sich auf den Fronteinsatz vorbereitet.

1915 Die Dichterin Marina Zwetajewa widmet Achmatowa ein Gedicht.
Positive Reaktionen der Kritik auf Achmatowas Gedichtbände, besonders von Nikolaj Nedobrowo. Fronteinsatz von Gumiljow. Achmatowa lebt mit ihrem Sohn in Slepnjowo.

1917 Dritter Gedichtband *Weißer Schwarm* (*Belaja staja*) erscheint.
Arbeit in der Bibliothek des Agronomischen Instituts in Petrograd.
Bekanntschaft mit dem Maler Natan Altman, der sie mehrmals malt und zeichnet.
Öffentliche Ablehnung der Emigration (*Als Rußlands Volk ...*). Organisierung von Hilfsabenden für Kriegsverwundete.

1918 Scheidung von Gumiljow. Zahlreiche Gedichte dazu (*Ist doch einfach, ist doch klar*; *Wir werden nicht aus einem Glase trinken* u. a.).
Achmatowa heiratet zum zweitenmal: Wladimir Schilejko, Assyrologe und Übersetzer.

1920 Achmatowas Bruder Andrej vergiftet sich wegen des Todes seines einzigen Kindes, dessen Frau begeht danach ebenfalls Selbstmord.

1921 Vierter Gedichtband *Wegerich* (*Podorožnik*) erscheint. Bekanntschaft mit Lidija Tschukowskaja. Verhaftung Gumiljows (3. August), Verurteilung wegen Teilnahme an einer angeblichen Verschwörung, standrechtliche Erschießung (25. August). Beerdigung Alexander Bloks.

1922 Fünfter Gedichtband *Anno Domini MCM XXI* (später nur noch *Anno Domini*) erscheint, in ihm das berühmtgewordene Gedicht *Nicht mit denen bin ich*; letzter Gedichtband vor dem Berufsverbot. Aufsatz von Kornej Tschukowskij «Achmatowa und Majakowskij».
Der Komponist Arthur Lurje und Achmatowa schaffen gemeinsam das Ballett *Schneemaske* nach Texten von Alexander Blok; mehrere Widmungsgedichte Achmatowas für Blok.
Achmatowa heiratet zum drittenmal: Nikolaj Punin, Kunstwissenschaftler.

1924	Erste Anthologie mit einer Gedichtauswahl Achmatowas erscheint unter dem Titel «Das Bild der Achmatowa» (Obraz Achmatowoj). Geheimer Parteibeschluß über das Publikationsverbot für Achmatowa; Vernichtung ihrer bereits veröffentlichten Bücher. Die Dichterin erfährt von diesem Beschluß erst 1927 durch Marietta Schaginjan.
1930	Tod der Mutter. Tod von Wladimir Schilejko. Beginn der Freundschaft mit Nikolaj Chardschijew, Kunstwissenschaftler und Verstheoretiker. Exmittierung aus ihrer Wohnung.
1933	Vortrag Achmatowas im Leningrader Puschkin-Haus über Puschkins «Der goldene Hahn», ihre erste wissenschaftliche Auseinandersetzung mit Leben und Werk Puschkins. Mehrere Aufenthalte in Moskau bei Freunden. Veräußerung ihrer Leningrader Bibliothek.
1934	Öffentliche Rüge auf dem Ersten Sowjetischen Schriftstellerkongreß. Achmatowa ist bei der Verhaftung Ossip Mandelstams anwesend (13. Mai). Beginn der Bekanntschaft mit Emma Gerstein, Literaturwissenschaftlerin. Achmatowa besucht Mandelstam an seinem Verbannungsort Woronesh; Gedicht *Woronesh*.
1935	Verhaftung des Sohnes Lew. Beginn der Freundschaft mit Michail Bulgakow.
1936	Achmatowa beginnt wieder zu schreiben. Nach eigenem Urteil endet in diesem Jahr ihre Schaffenskrise.
1938	Beginn der intensiven Freundschaft mit Lidija Tschukowskaja. Ermordung von Tschukowskajas Ehemann. Erneute Verhaftung von Achmatowas Sohn Lew. Scheidung von Punin. Beginn des verzehrenden Kampfes um die Begnadigung und Freilassung des Sohnes. Joyce-Lektüre.
1939	Gesuch um Aufnahme in den Schriftstellerverband. Hemingway-Lektüre.
1940	Rückkehr ins literarische Leben der UdSSR. Aufnahme in den Schriftstellerverband. Bewilligung verschiedener materieller Unterstützungen. Sammelband *Aus sechs Büchern* (*Iz šesti knig*) erscheint auf Veranlassung Stalins, weitere Publikationen in Zeitschriften folgen. Es finden wieder Lesungen mit Achmatowa statt. Alexander Fadejew, der Vorsitzende des Schriftstellerverbandes, schlägt Achmatowa für den Stalinpreis vor. Weitere Puschkin-Studien Achmatowas. Kriegsgedichte. Beginn der Arbeit am *Poem ohne Held* (*Poèma bez geroja*). Öffentliches Auftreten auf der staatlichen Gedenkfeier zum zehnten Todestag Wladimir Majakowskijs. Gedicht *Majakowskij im Jahre 1913*. Mehrmalige Erkrankungen, Herzoperation.
1941	Erlebt den Überfall Hitlerdeutschlands in Leningrad. Erste persönliche Begegnung mit Marina Zwetajewa in Moskau kurz nach deren Rückkehr aus der Emigration. Evakuierung aus dem belagerten Leningrad über Moskau und Kasan nach Taschkent in Usbekistan. Neue Kriegsgedichte. Freitod Marina Zwetajewas.

In Taschkent intensive schöpferische Arbeit; neben zahlreichen Gedichten und dem *Poem ohne Held* entsteht ein Drama *Enum elisch*, das Achmatowa vernichtet. Mehrere längere Erkrankungen mit Krankenhausaufenthalten.

1944 Rückkehr nach Leningrad. Andrej Shdanow wird ZK-Sekretär für Ideologie und Kultur der KPdSU.
Sohn Lew meldet sich freiwillig an die Front und kann so seinen Verbannungsort verlassen.

1946 Begegnung mit Sir Isaiah Berlin, Angehöriger der britischen Botschaft, in Leningrad.
Beschluß des ZK der KPdSU «Über die Zeitschriften ‹Swesda› und ‹Leningrad›», der zum Berufsverbot von Achmatowa und Michail Soschtschenko führt. Vernichtung bereits gedruckter neuer Gedichtbände.

1949 Erneute Verhaftung von Achmatowas Sohn und Verurteilung zu zehn Jahren Lagerhaft mit Verbannung nach Sibirien (Karaganda).

1950 Stalingedichte Achmatowas.

1951 Herzinfarkt, Sanatoriumsaufenthalte bei Moskau.
Wiederaufnahme in den Sowjetischen Schriftstellerverband. Intensivierung der Freundschaft mit Lidija Tschukowskaja.

1953 Tod Punins im Lager Sagorsk. Mehrere ihm gewidmete Gedichte.

1954 Achmatowa nimmt als Delegierte am Zweiten Sowjetischen Schriftstellerkongreß in Moskau teil.

1956 Rehabilitierung des Sohnes und Entlassung aus der Haft.

1962 Alexander Solshenizyn widmet Achmatowa seine Erzählung «Ein Tag im Leben des Iwan Denissowitsch», die in der Zeitschrift «Nowyj mir» (Neue Welt) erschienen war.
Poem ohne Held erscheint. Anatolij Naiman wird Achmatowas literarischer Sekretär.

1964 Verleihung des italienischen Ätna-Taormina-Literaturpreises (eine Million Lire). Reise nach Sizilien.

1965 Verleihung der Ehrendoktorwürde durch die Universität Oxford. Englandreise mit Zwischenaufenthalt in Paris.
Lauf der Zeit (*Beg vremeni*) erscheint als letztes Buch von Achmatowa zu ihren Lebzeiten.

1966 Schwere Erkrankung und Tod im Sanatorium Domodedowo bei Moskau (5. März). Überführung per Flugzeug nach Leningrad, Trauerfeier in der Nikolskij-Kathedrale (9. März).
Beisetzung auf dem Friedhof von Komarowo bei Leningrad (10. März).

1989 Internationale Wissenschaftliche Konferenz zum 100. Geburtstag der Dichterin in Moskau.
Eröffnung des Achmatowa-Museums (gleichzeitig wissenschaftliche Forschungsstelle zu Achmatowas Leben und Werk) in St. Petersburg.
Die UNESCO erkärt das Jahr 1989 zum «Achmatowa-Jahr».

Zeugnisse

Alexander Blok
«Schönheit ist schrecklich», – sagt man zu Ihnen.
Sie aber schwingen müd den spanischen Schal über die Schultern
Im Haar eine rote Rose.
«Schönheit ist einfach», – sagt man zu Ihnen.
Sie aber schlingen ganz einfach den bunten Schal um ein Kind
Auf dem Boden – die rote Rose.
Zerstreut gegen alle
Die tönenden Worte ringsum
Denken Sie traurig
Und sagen für sich:
Nicht schrecklich, nicht einfach bin ich;
Ich bin nicht so schrecklich, um einfach
Mich zu töten; ich bin nicht so einfach,
Nicht zu wissen, wie schrecklich das Leben ist.

Gedicht: Für Anna Achmatowa, 1913

Waleria Sresnewskaja
Anja schrieb Gedichte, las sehr viel, erlaubte und unerlaubte Bücher. Sie veränderte sich innerlich und äußerlich sehr. Sie wuchs heran und entwickelte sich zu einem gutaussehenden jungen Mädchen mit einer bezaubernden, zarten Figur, mit schwarzen, sehr langen und dichten Haaren, gerade wie Seetang, mit weißen schönen Armen und Beinen, einem von leicht lebloser Blässe deutlich gezeichneten Gesicht. Sie hatte große tiefliegende helle Augen, die gegen die schwarzen Haare, Wimpern und Brauen seltsam deutlich hervortraten. Im Wasser war sie eine unermüdliche Najade, ansonsten ein unermüdlicher Wildfang, konnte klettern wie eine Katze und schwimmen wie ein Fisch. Aus irgendeinem Grunde nannte man sie die Mondsüchtige. Den lieben Einwohnern des muffigen und dümmlichen Zarskoje Selo, das alle schlechten Seiten der nahegelegenen Hauptstadt besaß, freilich ohne deren Würde, paßte ein solches Mädchen natürlich nicht. Unsere Familien lebten abgeschlossen. Die Interessen der Väter waren ganz auf Petersburg gerichtet, die der Mütter auf die Sorge um die vielen Kinder und die Wirtschaft.

Daphnis und Chloe, 1990

Larissa Reisner
Sie liebste, sanfteste von allen Dichtern, schreiben Sie Verse? Es gibt nichts
Größeres als das; für eine Zeile von Ihnen wird den Menschen ein ganzes
schlimmes, verlorenes Jahr vergeben. Ihre Kunst ist Sinngebung und Rechtfertigung für alles – Schwarz wird Weiß, aus dem Stein sprudelt Wasser, wenn
die Poesie lebt. Sie sind freudige Erfüllung und lichte Seele für alle, die falsch
gelebt haben, im Schmutz erstickt und vor Kummer gestorben sind.
Brief an Anna Achmatowa, 24. November 1921

Boris Pasternak
Kann ich irgend etwas sagen, um Sie ein wenig aufzuheitern und Sie wieder
teilnehmen zu lassen am Dasein in dieser wieder einmal auf uns zukommen-
den Finsternis, deren Schatten auch ich jeden Tag fröstelnd auf mir fühle? Wie
kann ich Sie mit genügendem Nachdruck daran erinnern, daß zu leben und leben zu wollen […] Ihre Pflicht gegenüber den Lebenden ist, da die Vorstellungen vom Leben leicht zerstörbar sind und selten von jemandem aufrechterhal-
ten werden; Sie aber sind ihr Schöpfer.
Brief an Anna Achmatowa, 1. November 1940

Andrej Shdanow
Die Thematik Anna Achmatowas ist durch und durch individualistisch. Das
Register ihrer Poesie ist bis zur Armseligkeit beschränkt, es ist die Poesie der
wildgewordenen Salondame, die sich zwischen Boudoir und Betstuhl bewegt.
Ihre Grundlagen sind erotische Motive, die mit Motiven der Trauer, der
Schwermut, des Todes, der Mystik und der Verlorenheit verbunden sind. Das
Gefühl der Verlorenheit – ein verständliches Gefühl für das gesellschaftliche
Bewußtsein einer aussterbenden Gruppe –, die düsteren Töne der Hoffnungs-
losigkeit Sterbender, mystische Erlebnisse, gepaart mit Erotik – das ist die gei-
stige Welt Anna Achmatowas, ein Stück aus den Trümmern der unwieder-
bringlich und für alle Ewigkeit versunkenen Welt der alten aristokratischen
Kultur, der «guten alten Zeiten unter Katharina».
Referat im Schriftstellerverband, 1946

Alexander Twardowskij
Der Name Anna Achmatowa ist in der summarischen Vorstellung der Leser
hauptsächlich mit Liebeslyrik identisch. In der Tat überwiegt das Liebesthema
in seiner vielfachen, meist dramatischen Abstufung in ihrer Dichtung. […]
Liebesahnung und erste Liebesregung, die Leiden der Liebe, ihr weher Nach-
klang, die rettende, klärende Kraft der Poesie bei den untröstbaren Verlusten
der Liebe – diese und viele andere Motive des Liebesthemas sind keineswegs
von Achmatowa für die Poesie erschlossen worden. Das Besondere liegt wohl
nur darin, daß sie in den Mittelpunkt ihrer kleinen Versnovellen nicht i h n
stellt, wie meist in der klassischen Lyrik, sondern s i e, die liebende, unter der
Last unerwiderter Liebe leidende Frau mit ihrem besonderen «Herzens-
gedächtnis».
Aus dem Nekrolog: Die Würde des Talents, 1966

Fritz Mierau
Unbehaust wie sie lebte – nur ein Köfferchen mit Manuskripten bei sich, die kleine Ikone und ihre Reiseschatulle, kaum Bücher, das wichtigste im Kopf: «Gilgamesch», Dante, Puschkin, Dostojewskij, Eliot, Geschenke gleich weiterschenkend, viele Male von Freunden monatelang aufgenommen, da ohne eigene Wohnung – unbehaust, wie sie lebte, war sie in einer Welt zu Hause, die, allein durch die Kletten, Disteln und Melde ihrer Kindheit und die Spiegel begrenzt, nach allen Seiten offen war. […] In den Spiegeln der Kunstgedächtnisse enträtselte sie ihr Schicksal. Sie sah sich in Dido und Kleopatra, in Fewronija aus Kitesh und der Bojarin Morosowa, in Kassandra und Phädra. […] Ein weiter Blick durch Lebensläufe und Zeiten.

Gedächtnisse, 1979

Dawid Samoilow
Zu jener Zeit ließ ihr vorgerücktes Alter das Majestätische noch deutlicher hervortreten, das jeder spürte, der mit ihr zu tun hatte. Doch das ist nicht die ganze Wahrheit, wie sie von Gedichten und Erzählungen über sie erzeugt wurde. Im direkten Umgang war Anna Andrejewna außergewöhnlich natürlich und einfach. Sie hörte gerne Gedichte und trug sie auch gerne vor. Sie konnte offen und herzlich erzählen. Ihr unvergleichlicher Scharfsinn war besonders anregend. Das war nicht einfaches Spaßmachen oder der Wunsch zu belustigen, zu scherzen, sondern wirklicher Scharfsinn, tiefgründig, ironisch, schonungslos, oft auch traurig.

Die Zeiten Achmatowas, 1989

Lew Kopelew
Die Poesie Anna Achmatowas ist äußerst klar in allen recht vielfältigen Ausdrucksformen, klassisch exakt in Wortwahl und Architektonik. Ihre Gedichte sind erdgebunden, dinghaft, konkret und zugleich durchgeistigt, von einer tiefen Religiosität und metaphysischen Gedankengängen durchdrungen. Sie enthüllen intime Leidenschaften, seelische Abgründe, bringen Liebesleid und selbstkasteiende Bekenntnisse zum Ausdruck, bergen unlösbare magische Rätsel, Mysterien, Geheimschriften.

Ein faustischer Traum – Anna Achmatowa, 1988

Michail Dudin
Achmatowas Talent war klug und erkannte gut, daß Nachahmung die Poesie vernichtet, daß sie sie durch Scheinbedeutung und allgemeine Zugänglichkeit auffrißt. Das Kreuz der Individualität ist ein schweres Kreuz für das Talent, aber sich ihm zu entziehen ist unmöglich; Anna Achmatowa hat es bis ans Ende ihrer Tage getragen. Es war Bürde und Trost für sie in einem.

Vorwort zur Werkausgabe, 1986

Bibliographie

1. Werke in russischsprachigen Ausgaben

Večer. Stichi [Abend. Gedichte]. St. Petersburg 1912
Četki. Stichi [Rosenkranz. Gedichte]. St. Petersburg 1914
Belaja staja. Stichotvorenija [Weißer Schwarm. Gedichte]. Petrograd 1917
U samogo morja. Poèma [Am Meer. Poem]. Berlin 1920
Podorožnik. Stichi [Wegerich. Gedichte]. Petrograd 1921
Anno Domini (MCMXXI). Stichi [Gedichte]. Petrograd 1922.
Iz šesti knig. Stichotvorenija [Aus sechs Büchern. Gedichte]. Leningrad 1940
Izbrannoe. Stichi [Ausgewähltes. Gedichte]. Taschkent 1943
Izbrannoe. Stichi [Ausgewähltes. Gedichte]. Moskau 1946 (eingestampft)
Stichotvorenija [Gedichte]. Leningrad 1946 (eingestampft)
Stichotvorenija [Gedichte]. Moskau 1958
Stichotvorenija 1909–1960 [Gedichte 1909–1960]. Moskau 1961
Poèma bez geroja [Poem ohne Held]. Moskau 1962
Beg vremeni. Stichotvorenija 1909–1965 [Der Lauf der Zeit. Gedichte 1909–1965]. Moskau–Leningrad 1965
Golos poètov. Stichi zarubežnych poètov v perevode Anny Achmatovoj [Gedichte ausländischer Dichter in der Übersetzung Anna Achmatowas]. Moskau 1965
Sočinenija [Werke]. Paris–München 1965/67, 1968 und 1983
Stichi, perepiska, vospominanija, ikonografija [Gedichte, Briefwechsel, Erinnerungen, Ikonographie]. Paris 1974
Izbrannoe [Ausgewähltes]. Moskau 1974
Stichotvorenija i poèmy [Gedichte und Poeme]. Leningrad 1976 (zahlreiche Auflagen)
Stichi i proza [Gedichte und Prosa]. Leningrad 1977
O Puškine. Stati i zametki [Über Puschkin. Artikel und Aufzeichnungen]. Leningrad 1977
Sočinenija v dvuch tomach [Werke in zwei Bänden]. Moskau 1986
Tajny remesla [Geheimnisse des Schriftstellerhandwerks]. Moskau 1986
Ja golos – vaš. Stichotvorenija [Ich bin eure Stimme. Gedichte]. Moskau 1989
Desjatye gody. Stichotvorenija [Das erste Jahrzehnt. Gedichte]. Moskau 1989
Poèma bez geroja [Poem ohne Held]. Moskau 1989
Posle vsego [Nach allem]. Moskau 1989

Rekviem [Requiem]. Moskau 1989
Lirika [Lyrik]. Moskau 1989
Sočinenija v dvuch tomach [Werke in zwei Bänden]. Moskau 1990

2. Deutschsprachige Ausgaben

Das Echo tönt. Ausgewählt und übertragen von Xaver Schaffgotsch. Wiesbaden 1964

Ein niedagewesener Herbst. Gedichte russisch-deutsch. Hg. von Edel Mirowa-Florin. Berlin 1967 und 1973

Gekreuzte Regenbogen. Gedichte. Ausgewählt von Hans Baumann. München 1967

Poem ohne Held. Poeme und Gedichte russisch-deutsch. Hg. von Fritz Mierau. Leipzig 1979 (mehrere Auflagen bis 1993)

Im Spiegelland. Ausgewählte Gedichte. Hg. von Efim Etkind. München–Zürich 1982 (mehrere Auflagen bis 1994)

Poesiealbum 240. Hg. von Ingrid Schäfer. Berlin 1987

Vor den Fenstern Frost. Gedichte und Prosa. Übertragen von Barbara Honigmann und Fritz Mierau. Berlin 1988

Die roten Türme des heimatlichen Sodom. Gedichte zweisprachig. Hg. von Siegfried Heinrichs. Übertragungen von Irmgard Wille und Rosemarie Düring. Berlin 1988

Gedichte. Russisch-deutsch. Übertragen von Sarah Kirsch, Rainer Kirsch u. a. Hg. von Ilma Rakusa. Frankfurt a. M. 1988 (mehrere Auflagen bis 1993)

Requiem. Übertragen von Rosemarie Düring. Hg. von Siegfried Heinrichs. Berlin 1981 (und mehrere Auflagen bis 1988)

Poem ohne Held. Russisch-deutsch. Hg. von Siegfried Heinrichs. Berlin 1989

Briefe, Aufsätze, Fotos. Hg. von Siegfried Heinrichs. Berlin 1991

3. Arbeiten über Anna Achmatowa und zum literaturgeschichtlichen Kontext

Artuchovskaja, Natalja: Akmeizm i ranee tvorčestvo Anny Achmatovoj. Poèt i tečenie. Autorreferat zur Dissertation. Moskau 1982

Beitz, Willi, Barbara Hiller u. a. (Hg.): Geschichte der russischen Sowjetliteratur. Berlin 1973

Belyj, Andrej: Simvolizm. Moskau 1910

Bickert, Eduard: Anna Achmatova, silence á plusieurs voix. Paris 1970

Birnbaum, Henrik: Face to Face with Death: On a Recurrent Theme in the Poetry of Anna Achmatova. In: «Scando-Slavica» 28 (1982), S. 5–17

Bjalik, Boris: Literaturno-èstetičeskie koncepcii v Rossii konca XIX – načala XX v. Moskau 1975

Böttcher, Kurt, und Gerhard Ziegengeist (Hg.): Multinationale Literatur der Sowjetunion 1945 bis 1980. Einzeldarstellungen. Bd. 1. Berlin 1981 (Beitrag von Lew Oserow über Anna Achmatowa: S. 124–138)

Braun, Manfred: Russische Dichtung im 19. Jahrhundert. Heidelberg 1953

Brodsky, Joseph: Anna Achmatova. In: «Maatstaf» H. 1 (1983), S. 19–27

Chrenkov, Dmitrij: Anna Achmatova v Peterburge, Petrograde i Leningrade. Leningrad 1989

Civ'jan, Taras: Materialy k poėtike Anny Achmatovoj. In: «Učёnye zapiski Tartuskogo universiteta», Tartu 1967, S. 180–208

–: Antičnye geroini – zerkala Achmatovoj. In: «Russian Literature», H. 7/8 (1974), S. 103–119

Dalos, György: Der Gast aus der Zukunft. Anna Achmatowa und Sir Isaiah Berlin. Eine Liebesgeschichte. Hamburg 1996

Dobin, Evgenij: Poėzija Anny Achmatovoj. Leningrad 1968

–: Poėzija Achmatovoj. Sjužet i dejstvitel'nost'. Iskusstvo detali. Leningrad 1981

Driver, Samuel: Anna Akhmatova. New York 1972

Düwel, Wolf: Geschichte der russischen Literatur von den Anfängen bis 1917. Bd. 2. Berlin und Weimar 1986

Ecker, Nora: Elemente der Volksdichtung in der Lyrik Anna Achmatowas. Dissertation. Wien 1973

Ejchenbaum, Boris: Anna Achmatova. Opyt analiza. Petrograd 1923 (Nachdruck in: Ejchenbaum, Boris: O poėzii. Moskau 1969)

Erdmann-Pandžic, Elisabeth von: «Poema bez geroja» von Anna Achmatowa. Varianten und Interpretation von Symbolstrukturen. Diss. phil. Freiburg i. Breisgau 1986 (Veränderter Abdruck in: Bausteine zur Geschichte der Literatur bei den Slaven. Bd. 25. Köln–Wien 1987)

Etkind, Efim: Die Unsterblichkeit des Gedächtnisses. Anna Achmatowas Poem «Requiem». In: «Die Welt der Slaven», XXIX, 2 (1984), S. 360–394

Filippov, Boris: Zametki ob Anne Achmatovoj. In: «Sočinenija», Bd. III, München 1983, S. 5–15

Gollerbach, Efim: Obraz Achmatovoj. Antologija. Leningrad 1925

Grasshoff, Helmut (Hg.): Russische Literatur im Überblick. Leipzig 1975

Günther, Johannes von: Ein Leben im Ostwind. München 1969

Haight, Amanda: Anna Akhmatova and Marina Tsvetayeva. In: «Slavonic and East European Review», Bd. 50, 121 (1972), S. 189–593

–: Anna Akhmatova. A Poetic Pilgrimage. New York 1976

–: Anna Achmatowa. Eine Biographie. Chemnitz–Berlin 1994

Hartman, Antonia: The Versification of the Poetry of A. Akhmatova. Dissertation. Universität Wisconsin–Madison 1978

Holthusen, Johannes: Studien zur Ästhetik und Poetik des russischen Symbolismus. Göttingen 1957

–: Anna Achmatowas Umgang mit den Dichtern ihrer Epoche im «Poėma bez geroja». In: «Slavistische Beiträge» 180 (1984), S. 102–120

Honzik, Jiři: Ruská Sapfo. In: Achmatovová vestalká paměti. Prag 1990

Ketchian, Sonja: The Poetry of Anna Akhmatova. Conquest of Time and Space. In: «Slavistische Beiträge», Bd. 196, München 1986

Kluge, R. D.: Vom kritischen zum sozialistischen Realismus. Die literarischen Traditionen in Rußland 1880–1925. München 1973

Kopelew, Lew: Ein faustischer Traum – Anna Achmatowa. In: West-östliche

Spiegelungen. Deutsche und Deutschland in der russischen Lyrik des frühen 20. Jahrhunderts. Hg. von Lew Kopelew. München 1988

Kralin, Michail (Hg.): Ob Anne Achmatovoj. Stichi. Esse. Vospominanija. Pis'ma. Leningrad 1990

Kusmina, Jelena: Anna Achmatowa. Ein Leben im Unbehausten. Berlin 1993 (auch: Reinbek bei Hamburg 1995)

Litvinov, Jósef: Anna Achmatowa w polskiej opinii literackiej. In: «Zesz. nauk. WAN.» 9 (1968), S. 525–542

Ludwig, Nadeshda (Hg.): Handbuch der Sowjetliteratur (1917–1972). Leipzig 1975

Mierau, Fritz: Vorabend 1913 und 1940. Anna Achmatowas «Poem ohne Held». In: Fritz Mierau: Konzepte. Zur Herausgabe sowjetischer Literatur. Leipzig 1979, S. 143–161

–: Gedächtnisse. In: Anna Achmatowa: «Poem ohne Held». Leipzig 1979, S. 246–254

Naiman, Anatoli: Erzählungen über Anna Achmatowa. Frankfurt a. M. 1992

Orlowa, Raissa: Nachwort zu «Poem ohne Held». Göttingen 1989 (zusammen mit Lew Kopelew)

Pavlovskij, Aleksej: Anna Achmatova. Očerk žizni i tvorčestva. Leningrad 1966

Piotrowiak, Józef: The Symbolic Function of Concret Objects in the Poetry of Anna Akhmatova (1910–1925). In: «Russian Literature» XVIII (1985), S. 299–310

Polikanow, Andrej, u. a.: Russkaja literatura konca XIX – načala XX v. Moskau 1965

Pollak, S.: O poezji Anny Achmatowej. In: S. Pollak: Srebrny wiek i póżniej. Warschau 1971, S. 5–42

Saint Bris, Gonzague: Russische Musen. Hamburg 1996

Samoilov, David: Vremena Achmatovoj. In: Anna Achmatowa: Ja golos – vaš. Moskau 1989, S. 5–19

Satin, M.: Akhmatova's «Shipovnik tsvetet». Dissertation. Pennsylvania 1977

Schirmeyer, Susanne: Schwarze Bilder, schöne Bilder, Skulpturen. Bilder und Texte vom Leben mit der Depression. Karlsruhe 1995

Sedakova, Ol'ga: Skatulka s zerkalom. Ob odnom glubinnom motive A. A. Achmatovoj. In: «Trudy po znakovym systemam», XVII 641 (1984), Tartu, S. 93–108

Simčenko, Ol'ga: Tema pamjati v tvorčestve Anny Achmatovoj. In: «Izvestija Akademii Nauk SSSR», H. 6 (1985)

Slunevskaja, Irina: Problemy iskusstva v poézii Anny Achmatovoj 20-ch-60-ch godov. Diss. Moskau 1984

Sokolov, Aleksej: Akmeizm i tvorčestvo Anny Achmatovoj. Istorija russkoj literatury konca XIX – načala XX v. Moskau 1988, S. 294–310

Stender-Petersen, Adolf: Geschichte der russischen Literatur. 2 Bände. München 1974

Sternin, Grigori: Das Kunstleben Rußlands an der Jahrhundertwende. Dresden 1976

–: Das Kunstleben Rußlands zu Beginn des zwanzigsten Jahrhunderts. Dresden 1980

Struve, Gleb: Beiträge und Kommentare in: Anna Achmatova: Sočinenija. Bd. III. München 1983

Szymak-Reifer, Jadwiga: O interpretującej funkcji i kompozycji «Poematu bez bohatera» Anny Achmatowej. In: «Prace historiczno-literackie» H. 35 (1976), S. 183–198

Szymak-Reifer, Jadwiga: Anna Achmatowa. Poezje. Wybór i poslowie. Krakau 1986

Tschukowskaja, Lydia (Čukovskaja, Lidija): Zapiski ob Anne Achmatovoj. Bd. I und II. Paris 1976 und 1980

–: Aufzeichnungen über Anna Achmatowa. Tübingen 1987

Verheul, K.: The Theme of Time in the Poetry of Anna Akhmatova. Den Haag 1971

Vinogradov, Vladimir: O poèzii Anny Achmatovoj. Stilističeskie nabroski. Leningrad 1925 (Nachdruck in: Vinogradov, Vladimir: Izbrannye trudy. Poètika russkoj literatury. Moskau 1976)

Žirmunskij, Viktor: Tvorčestvo Anny Achmatovoj. Leningrad 1973

Zwetajewa, Marina: An Anna Achmatowa. Gedichte. Briefe. Hg. von Siegfried Heinrichs. Berlin 1992

Namenregister

Die kursiv gesetzten Zahlen bezeichnen die Abbildungen

Über den Autor

Wolfgang Hässner, geboren 1935 in Chemnitz, studierte in Leipzig und Güstrow Geschichte, Pädagogik und Russistik. Nach Lehrertätigkeit Promotion in russischer Gegenwartsliteratur und Habilitation in germanistischer und slawistischer Literaturtheorie. Lehrtätigkeit als Hochschullehrer (1964–1992). Seit 1993 Gastprofessor in Kraków (Krakau). Publikationen zur russischen und deutschen Gegenwartsliteratur in Zeitschriften und Sammelbänden.

Quellennachweis der Abbildungen

Aus: Anna Achmatowa: Briefe, Aufsätze, Fotos. Hg. von Siegfried Heinrichs. Berlin, Chemnitz, St. Petersburg (Oberbaum GmbH) 1991: 2, 6, 27, 31, 39, 43, 63, 69, 73, 75, 77, 85, 117, 133

© Ria-Photo, Köln: 9, 46, 64, 66, 111, 129

Aus: Lydia Tschukowskaja: Aufzeichnungen über Anna Achmatowa, mit einem Nachwort von Raissa Orlowa-Kopelew. Tübingen 1987: 11

Aus: Jelena Kusmina: Anna Achmatowa. Ein Leben im Unbehausten. Berlin 1993 (Fotos: Achmatowa-Museum, St. Petersburg): 16, 17, 20, 25, 40, 41, 56, 68, 78, 90, 93, 96, 107, 113, 119, 131

Ullstein Bilderdienst, Berlin: 18/19, 55, 94

The Hulton Getty Picture Collection London/Tony Stone Bilderwelten, Hamburg: 23

Staatliches Russisches Museum, St. Petersburg: 37

Aus: Anatoli Naiman: Erzählungen über Anna Achmatowa. London 1991: 47

Archiv für Kunst und Geschichte, Berlin: 51, 99

Staatliche Tretjakow-Galerie, Moskau: 59

Aus: Ellendea Proffer (Hg.): A Pictorial Biography of Mikhail Bulgakov. Michail Bulgakov. Fotobiografija. Ann Arbor (Ardis Publishers) 1984: 80

Privatbesitz: 83

Suhrkamp Verlag, Frankfurt a. M.: 87

Archiv Verlag Volk & Welt, Berlin: 102

Bildarchiv Preußischer Kulturbesitz, Berlin: 104

Süddeutscher Verlag Bilderdienst, München: 110

Aus: Amanda Haight: Anna Achmatowa. Eine Biographie. Hg. von Jure Brekalo, Siegfried Heinrichs und Ingo Urban. Berlin, Chemnitz, St. Petersburg (Oberbaum GmbH) 1994: 126